名师名校名校长

凝聚名师共识
回应名师关怀
打造名师品牌
培育名师群体

程晔遗影

追逐梦想的脚步
守护教育的初心

杜兴义 / 著

中国出版集团　现代出版社

图书在版编目（CIP）数据

追逐梦想的脚步 守护教育的初心 / 杜兴义著. —
北京：现代出版社，2022.12
ISBN 978-7-5231-0179-7

Ⅰ.①追… Ⅱ.①杜… Ⅲ.①教育—文集 Ⅳ.
①G4-53

中国版本图书馆CIP数据核字（2022）第256435号

追逐梦想的脚步 守护教育的初心

作　　者　杜兴义
责任编辑　王志标
出版发行　现代出版社
地　　址　北京市安定门外安华里504号
邮政编码　100011
电　　话　010-64267325　64245264
网　　址　www.1980xd.com
印　　制　北京政采印刷服务有限公司
开　　本　710mm×1000mm　1/16
印　　张　10
字　　数　160千字
版　　次　2022年12月第1版　2022年12月第1次印刷
书　　号　ISBN 978-7-5231-0179-7
定　　价　58.00元

目录

上 篇　心之所向

下 篇　行之所至

目录

心之所向

我的带班方略

一、宏观认识

总结18年的班主任带班经历,在班级管理上有三点认识,这是我宏观把握班级管理的基本原则。

(一)关系先于教育

生产力是人类征服和改造自然的客观物质力量。融洽的师生关系、师师关系、生生关系就是生产力。作为班主任,每接手一个班级,我都会利用一切机会积极和学生沟通,关心关爱每一位学生,让他们觉得我是一个可以信赖的老师,快速拉近师生之间的距离。我用放大镜去看他们的优点,多用欣赏、鼓励和表扬的语言,给学生足够的心理营养。学生自然会亲近老师,亲其师,信其道,这样不管是学习要求还是常规管理,都能够较好地得到落实。班主任是单元教学的核心,是联系各任课老师的纽带。班主任要团结协调各科老师,心往一处想,劲往一处使,形成最佳的教育合力。班主任更要处理好生生之间的关系,精选班干部,敢于放手管理,同时为担当中的担当。班主任还要抓整体,以活动促发展,培养学生的班级荣誉感和提升班级凝聚力,营造良好班风,用集体带动个人。

(二)业务大于爱心

高中的学生思想已经成熟,如果老师业务水平不达标,仅仅靠讨好学生,学生不会领情,管理往往会陷入被动。过硬的业务能力是老师站稳讲台的保障,业务上征服学生的老师,管理上更能赢得学生的理解、信赖和支持,所以要成为一名优秀的班主任,首先要成为一名优秀的学科老师,上好每一节课。管理上，班主任也要加强学习，不断更新自己的管理理念，与时俱进，尽可能契合新时期学生的心理需求。同时，班主任一定要广泛阅读，全方位丰富自己的学识，才能更好地指导学生学习和生活，帮助学生形成正确的人生观、价值观和世界观，成为学生全方位的导师。

（三）整体高于部分

教育是为学生的一生奠基，任何时候都不能急于求成。揠苗助长只会费力不讨好，甚至造成学生心理问题；夹生饭会给学生后续学习带来沉重的负担。教育是慢的艺术，高中阶段也不例外。不能戴有色眼镜看学生，更不能仅用学习成绩一把尺子看学生。只要品质不坏，成绩暂时落后也不要讥笑他，因为每个人都有自己不同的生命曲线，可能这一段正好在他的低谷期。教学上，对待不同的学生要因材施教，不能给学生同一条板凳。我们要站在学生一生的角度去思考教育，更全面地看待一个生命的成长。当我们对"幸福是目的，成功是手段"这句话真正理解的时候，身心就会放松很多，就会少很多惨痛的教训。

二、常规管理

学生管理要靠制度，我们学校的管理理念是"严管厚爱"。我采用的是扁平化管理模式，考虑学生性格、性别、成绩等各种因素，把每个班级分成8个小组，每个小组由组长负责，整体上由班长统筹。每个小组为一个作战单元，有组名、组徽、组训，这些都是来自组内同学的思考和智慧，利于团结凝聚本组成员。每个组组长总负责，每个成员都有自己的专业特长，负责本学科的讨论讲解和作业收缴。班级评价采取小组连坐制度，个人属于集体，集体带动个人。这种管理模式非常高效，因为每个作战单元只有6个人，一人统抓，各负其责。

我非常重视班会的思想引领作用，创立双班会制度。每周日下午第四节是学生班会准备时间，按照事先商量好的班会主题，小组内认真准备一节课，用于周一的班会展示。可以演讲、辩论，也可以表演，不拘一格，学生呼唤学生，更容易产生共鸣，效果良好。

在任课老师的管理上，首先是服务好，我挑选得力干将担任各科课代表，确保任课老师得心应手。其次是加强交流，班主任要经常主动找任课老师交流学生情况，掌握第一手信息，也要定期召开单元协调会，进行班级教学会诊。定期召开大班会，所有老师都当班主任，齐抓共管。

班主任不仅要管理学生，还要协调老师，很考验班主任的协调能力，很多时候既要有制度，也要有温度。

三、管理效果

我总结自己班级管理的育人模式，总共分为三步：认识自己、超越自己、放飞自己。第一阶段立规矩，学生在不断犯错纠错当中认识自己，认清自己的优缺点，寻求改进的办法；第二阶段突破，利用榜样带动和处分惩戒，特别是利用集体的力量，激励大家见贤思齐，突破自己；第三阶段享成果，同学们通过努力，体会到了成功的喜悦，会发自内心地保持战果。管理效果当然会有反复，也不用着急，不过是从头再来。班级管理本身就是反复抓，抓反复。

我所带班级呈现的特点：班风正、学风浓，讲规则、守纪律，团结友爱、积极上进，全面发展、成绩突出。

我总共带过7届高考班级，为禹城市第一中学培养过6个德州市禹城市文理科状元，特别是近九年来的三届高考，桂冠无一旁落。

我带的2015届文科毕业班，高考有5人进入德州市前10名，其中臧同学获德州市文科状元，范同学获德州市第三名，均被中国人民大学录取，其中范同学在中国人民大学自招考试中获得第一名。2018年高考我所带的理科（25）班学生重点上线59人，其中张同学697分（含北京大学加分40分）被北京大学录取；李同学694分（含上海交通大学加分40分）被上海交通大学录取。

十几年的班主任带班经历让我感到，老师不是管理的机器，而是呼唤学生内心觉醒的人。我们的管理不是控制生命，而是激扬生命。高中生活的每一个瞬间都是用真情凝结成一段激情燃烧的岁月，是用智慧把每一次顿悟都刻上成长的印迹。

做激扬生命的班级管理

根据学校安排，本学期开始由我和我的工作室负责给全体班主任做培训。今天是我的首场秀。准备培训内容之前，我问徒弟何云龙："徒弟，我讲点什么，你愿意听呢？"他说："师父讲什么都愿意听，但最愿意听师父讲故事。"我觉得这个建议很好，我就把自己育人的故事讲给大家听。我们的培训就从田校长开学大会上的班级管理"四问"开始。我把四个问题打印出来分发给各位老师，大家都认真作答，收齐后交给田校长，田校长——过目。后来我问田校长怎么看待班级管理，他说："班级管理不是把学生管死了，而是应该给学生提供更多的展示平台，让学生有获得感、成就感和使命感。"我也是这么理解的，我在教一楼电子屏上打出今日思考：我们的教育到底是控制生命还是激扬生命？答案显然是后者。我是这样理解的，我在实际工作中也是这样践行的。下面就把在（31）班的管理实录展示给大家。

要成为一名优秀的班主任，我觉得应该具备四个方面的基本素养：会讲故事、懂得管理、善于沟通和终身学习。

一、会讲故事

我今天讲四个和学生有关的故事。

故事一是退休的祝老师。春节后分班调整，（31）班被分到了老教学楼。我从教一楼收拾完东西要去老教学楼，走到教导处门口的时候，一个女生走过来问我："老师，您是杜老师吗？"我说："是啊。""您教（31）班吗？"她问。我说："是啊。"她又说了一句："我的数学有救了！"一种被信任的自豪感油然而生，一个人最大的成就莫过于被信任。我乐滋滋地继续前行，走到苦楝树下，作为年级主任的我突然涌上了一种危机感——不是所有的老师都是有经验的老教师，学生分班调整后也有可能遇到年轻老师，那学生应该怎么办呢？我觉得要想办法解决这个问题。等学生把东西都收整结束，我召开了新班第一次班会。班会上，我问："有没有祝书涛老师的学生啊？"四个女生举起了手。我说："祝老师是我们数学组的老大哥，早就过了退休的年纪，不想让学生的学习受影响，主动找到我要求把课上到学生调整班级后。我很爽快地答应了，也深为感动。刚才我离开办公室的时候，发现祝老师把自己的东西都收拾干净了，只剩下一张写得密密麻麻的学案留在桌子上。显然祝老师已经做好了上课的准备，但是因为分班仓促，没有成行。他是带着遗憾走的，我能够想到这样一幅画面，一个个头不高的老人推着自行车，走出禹城市第一中学校门，他一步三回头，他想再看一眼这个赖以生存的家园，他想再看一眼自己默默耕耘了41年的三尺讲台，他想再看一眼那些可爱的孩子。因为分班仓促，没有来得及告别。"我说到这里，已泣不成声，那几个原祝老师的学生也是泪流满面。我把哭得最厉害的那位女生请上讲台，让她讲一讲祝老师，她说不出话来。就由我代言，我说："祝老师风趣幽默，但平时说话也可能会伤到你们，但他一定是为你们好。我们禹城市第一中学的老师都像祝老师一样，都是非常敬业的，所以不管新班级遇到哪位老师，一定要尊重他们，假如暂时有些不适应，一定要学会主动适应老师。"我通过一个故事，就为孩子们主动适应新环境做好了铺垫。

故事二是暑假后返校第一次班会上讲的。我说："本来这学期不想再担任班主任的，因为除了年级管理，我还负责学校班主任培训和工作室运行，事务繁忙，担心没有精力用在（31）班班级管理上，耽误学生的学业成绩。特别是好多来到这个年级的老师都有担任班主任的要求，我思量再三，打算辞去（31）班班主任一职。但是，暑假某餐厅的一幕，让我又下定决心继续干下去。某天中午，完成培训任务的我到餐厅买饭，低头走到南门，听到十来个女生脆生生、齐刷刷的声音：老师好。抬头看到我们班的学生坐在一排就餐，可能是暑假在附近一起学习。我寒暄了几句，想出门回家。仍然是脆生生、齐刷刷的声音：老师再见。我觉得当时餐厅内所有人的目光都聚焦到我身上，一种自豪感油然而生，一种责任感也随之而来。这个班主任我要继续干下去，我舍不得这些学生。我是真的舍不得你们这些懂事的孩子。"班会上我说出这句话的时候，同学们报以热烈的掌声。那些和我打招呼的学生更是自豪，左看右看，意思是班主任是我们留下的。这个故事传递着一种情感，有爱就要大声说出来，可以拉近师生之间心与心的距离，亲其师，信其道。

故事三是数学课上讲的。因为教师节遇上中秋节，同学们提前一天给老师们过节。我是上午第四节数学课，刚下第三节课，我的两个课代表就来催促我："老师赶紧上课去吧，同学们都等着你呢。"我被他俩挟持着进了教室。音乐声响，同学们起立问老师节日快乐。我没有听清祝福的内容，看到班长和副班长把礼物送到了讲台上，让我打开。我说："是蛋糕吗？"他们说："不是，是炭雕。"我扫了一眼，看到了净化空气四个字，感受到了学生的用心。我的呼吸系统不好，经常咳嗽，学生送给我一个非常实用的艺术品。我被感动了，给他们讲了一个故事。2020年9月10日这天，一辆出租车停在了我们学校门口，司机抱着一个大蛋糕送到了教一楼三楼数学办公室。送蛋糕的人是我的学生陈国杰，她是2015年的毕业生。2015年5月31日中午12：40，我就要睡觉的时候，听见房门的撞击声。我起床开门，看见一个女孩子泪流满面地站在门口说："老师，您救救我吧。"我赶紧把她让到客厅沙发上坐下。"慢点说，怎么回事？"我问。"老师，我一练、二练、三练数学都没有及格，只考了六七十分，总成绩也没有上本科线，我要完蛋了，您得救救我。"她说。我明白了，是数学的事啊，吓我一跳。可是还有6天就高考了，我也无能为力啊。孩子坚持让我给她补课。我说可以，每天下午第四节课，老教学楼小办公室补课。当时，我正在给其他学生上课，他们已经进入自主复习，我也算有时间。这样一共补了4节课，数学六个模块的知识网络我给她串讲完了，她自己学得不错，只不过有些支离破碎，回去把网络构建再熟悉熟悉，高考应该没有问题。孩子拿出500元钱给我，我没有要。后来她高考数学106分，总成绩本科上线，被滨州医学院护理专业录

上篇 心之所向

7

取，目前在山东大学齐鲁医院上班。蛋糕是她用第一个月的工资买的。我告诉学生，是我拯救了这个孩子的数学吗？不是，是她自己，是她一直没有放弃自己，当自己感觉无能为力的时候，还能想到借助外力。一个女孩子去敲老师的家门，需要多大的勇气。

故事四是关于张桂梅校长、林俊德院士的。我经常把一些感动人物的视频分类播放给学生看，看完后评论。关键是评论，如果不评论，学生只是感动一下，很快就忘却了。老师通过评论升华精神，就能挖掘出更深刻的东西。我说："张桂梅校长在用生命做教育，林俊德院士跟时间赛跑为国家留下珍贵材料，你们有什么感受？"学生的回答五花八门，有的说很感动，有的说不理解，有的甚至说傻。我说："你们有的同学不理解，说明层次还有差距。他们有一个共同的特点就是都有信仰，他们的信仰甚至超越了生命，他们脱离了低级趣味，都是高尚的人。我们的岁月静好是他们用生命换来的，我们的风和日丽是祖国为我们挡住了硝烟炮火。我们今天能安静地坐在教室里，因为有很多人为我们负重前行。你们恰逢盛世，也恰逢中国百年不遇之大变局。你们努力学习文化知识，助力祖国科技实力提升。从这个意义上讲，你们的努力学习，不仅是为了实现自己的财务自由和时间自由，更深层次上也在用实际行动助力中华民族伟大复兴。当一个人的人生梦想和国家命运紧密相连的时候，人生奋斗的意义就变得异常伟大。"我在引导孩子们寻找一种使命感，一种和祖国荣辱与共的使命感。我们每个人都需要使命感。我们在综合高中的培训，有一句话对我触动最大，即所有人包括我们老师不是不想改变，只是不想被改变。就像我们常说的一句话，鸡蛋从外部打破是食物，从内部打破是新生。怎样才能把被改变变成主动改变呢？就需要找到一种使命感，一种意义的支撑。我站在教学楼门口，看着老师们、同学们走向我，就有一种使命感。我要带好我的老师和学生们，2024年要取得高考辉煌，学生实现人生理想，我的老师有荣誉、有奖金。我告诉自己要拼尽全力。

二、懂得管理

我们现在都知道管理在于激发学生而不是控制学生。每当看到这段文字，我脑子里都会浮现两幅画面：第一幅画面是马拉车。马拉车说的是一个人买了一辆轿车，不会开，就又买了一匹马，让马来拉车。其实只要把机器发动起来就比马跑得快，但就是不去发动它。轿车就像学生，本来可以跑得很快的。第二幅画面是牛耕地。不会的人把牛缰绳扛到自己脖子上，使劲拉牛，把牛头扯得老高，虽然用力很大，但牛不会前进，牛急了还会踩人两脚；人急了，还会抽牛两鞭子，弄得两败俱伤；稍微强点的会在旁边傍着牛，让牛自行前进；再强一点的就是不用傍着，扶犁的一个人就办了；驯化到位的，到头牛会自己拐弯，根本不用人多言，实现了完全自主管理。更高水平的是余华笔下的福贵的牛，人和牛之间已经到了灵魂对话的高度。我们的学生就像牛，很多时候是无辜的。

如何激发学生？第一点是政策激励。我们现在的小组评价，要真正落实。我们班的班规只有一条，学校任何违纪扣分，要在当月两倍返还，否则签订目标责任书，期末考试要进步200个名次。这样就减轻了很多琐事的干扰，我们班没有常规落实的烦恼。为鼓励学生课堂踊跃表达，我们制定课堂表现加分政策，主动回答问题答对加2分，答错加1分；被动回答问题答对加1分，答错不加分。每节课的课堂表现呈现在教室北墙的玻璃板上，周末统计一目了然，非常方便。第二点是表扬、表彰等，每日一星，每周一星，每月一星，都要学生亮相，让大家看到，学生很有成就感。充分利用家委会，发挥家长的力量，促进班集体成为优秀班集体。一个人改变一个人很难，但是一个集体改变一个人很容易。表扬是最好的武器，批评是最具杀伤力的武器。我们要多表扬、少批评。第三点是文化沁润，我们教一楼教室内外文化氛围很浓，教室内文化墙都是各班自己完成的，教室外是年级的整体设计，整个教一楼设计分四个主题，分布在四个楼层，其中楼梯是两个主题的连接，主楼道师生共用，强调立德树人。第四点是以活动促发展，创造平台让学生展现自己，让他们有成就感和获得感。这些都是我们的系列工程，欢迎大家到我们教学楼实地考察。

管理架构的认识。我们当前班级的管理架构主要有两个：一是层级架构，班长、团支书带领各班委管理全体同学，这种管理架构的特点是干部少、群众多，群众积极性不高。二是扁平化的小组管理，一个班长，下设七八个小组，每个组长负责6个成员，每个成员又各负一责，人人有事干，事事有人管。显然，扁平化的小组管理效率更高。就像我们常说的火车跑得快，全靠车头带，现在进入动车时代，每个车厢都有发动机，说动一起动，自然跑得快！这就是动车思维。我们学校目前的年级主任都是校委会成员，意味着扁平化管理更加深入，决策者和执行者距离更近，更容易搞好落实。

处理突发问题要有三维动态思维模型。遇到一件事情，要了解成因、现状以及对未来的影响，这是以时间为轴的横轴。再往外想，别的学生是否也有同样的问题，这是在一个面上铺开，判断是共性的问题，然后寻找问题背后的深层原因，从而想办法从根本上解决问题，而不是就事论事。例如，2018年（26）班一个学生升入高三以后，成绩直线下降，班主任找到我，让我解决一下。我让班主任调查孩子的家庭情况和宿舍同学之间的相处情况，我负责观察孩子课堂的情况。我发现孩子课上目光是游离的，后来我们把原因找到了，这个孩子暑假回家看到父亲一个人养家很不容易，他就想自己挣钱贴补家用，想到的办法就是写文章发表。这个孩子出发点是好的，但是选择的方式和时间节点不对。我把孩子叫到三楼小办公室，表扬了他数学上有天赋，懂得体谅父母，是个懂事的孩子。然后给他讲了一个故事：村头一个孩子放羊，路人问他放羊干什么？他说卖了换钱，路人又问有了钱干什么啊？他说娶媳妇。路人又问娶媳妇干什么？他说生孩子。路人又问生孩子干什么啊？他说让孩子帮着放羊挣钱。学生没有听明白，我又讲了一遍。父亲是工地工人，你觉得自己家长挣钱养家容易吗？你想继续放羊吗？你的家长希望你继续放羊吗？孩子听明白了其中的道理。我说暂时的困难可以有很多解决的办法，但是人生没有回头路，你的未来就在这几年，错过了就错过了。不要为了暂时的小困难把自己的美好未来搭上，这是非常不划算的事情。学生给我深鞠一躬，从那以后努力学习，最终考上了重点大学。年级里肯定还有因为家庭的暂时困难影响学业的学生，我们可以统计一下借助社会力量集体解决。

班主任要学习一些心理学知识。我读过一些心理学书籍，比如马来西亚林文采、伍娜的《心理营养：林文采博士的亲子教育课》，美国M.斯科特·派克的《少有人走的路，心智成熟的历程》。我收获了很多认知，知道所有人都有心理疾病，只不过程度不同。有的人遇到问题就把责任揽到自己身上；有的人遇到问题就把责任推给别人。遇到问题我们好多时候也会自责，也会推责，这都是心理问题的体现。2018年还有一个月就要高考的时候，一位班主任给我打电话，慌慌张张地说他们班一个学生在教室里要跳楼。我听完后，告诉她说，不要紧张，她不是真想跳楼，从心理学上讲她只是想引起别人注意，她一定有非正常交往倾向。班主任回去调查发现果然是这样，对我非常佩服，问我怎么回事。我说真自杀不会选择教室，而是会选择没有人的地方。选择教室就意味着有所留恋。但凡有所留恋的人，一定不会自杀成功。除非那种生无可恋的人。当前学生心理问题严重，需要老师科学地指导，这就需要老师学习一些心理学知识。

三、善于沟通

当前时代发展太快，导致代距越来越小，原来十年为一个代沟的话，现在也就三年。每轮转一周再带一批孩子的时候，感觉就是完全不能理解他们。在这种情况下，我们要有有效的师生沟通，就需要老师站在学生的角度思考问题，这就叫换位思考。

有这样一个故事：一位妈妈喜欢带着4岁的女儿逛商店，可是女儿却总是不愿意去，母亲觉得很奇怪，商店里那么多五颜六色的东西，为什么孩子不喜欢呢？有一天，母亲蹲下身子为孩子系鞋带，突然看到从未见过的景象：眼前晃动着的全是胳膊和腿，她突然明白孩子不喜欢逛商店的原因。于是，她抱起孩子，走出商店。从此，确有必要去商店，她总是把孩子扛在肩上。

这就叫"蹲下身来看孩子"，也叫"换位思考"。在我们开始教育教学的时候，大家记住这条才有效果，我们的教育教学才会得到孩子们的认同，我们才能成为孩子们不讨厌的老师。

我看到年轻班主任段友恒老师跟学生交流的时候，是蹲在地上的，这样孩子们没有那种老师居高临下的压迫感，更容易得到回应。这在我们学校就是一番风景。他带的是我们年级层次最低的班级，越是这样的学生，我们越应该尊重他们，否则他们的逆反心理很重，你可能一句话也说不到他们心里去。但他们一旦把你当作朋友，就会言听计从。

班级分层后，好多家长不愿意，找关系要求调整。我们年级、级部和班主任积极应对，利用周末的时间召开了家长会，心平气和地跟他们沟通，讲明我们的目的，所有的改变只是为了让这些孩子更好，这也遵循了因材施教的基本原则，同时给这些孩子一个出口。最后家长都理解了学校的良苦用心。这件事告诉我们遇到问题不要躲避，要沟通。

总之，与学生的沟通也好，与家长的沟通也好，都要遵循两个原则：一是懂得尊重，二是换位思考。

四、终身学习

班主任经常跟学生打交道，如果不学习，思想是干瘪的，语言是乏味的，教育效果必然会大打折扣。我们看到那些优秀班主任都是爱读书、善学习的高手。

暑假期间，我累积培训达到23天，所以暑假这一个多月不是在培训，就是在去培训的路上。一部分是规定的培训，比如杜兴义班主任工作室主持人集中培训6天，学校综合高中集中培训5天，这些都是必须完成的任务；一部分是自我加压，看到好的专家团队，我主动联系参加。原因就是自成为杜兴义班主任工作室主持人以来，我倍感焦虑，倍感能力恐慌。举个例子，我所在的高中、中职培训班，整个山东省总共65人。其中中职班主任33人，高中班主任32人，这32人中特级教师27人。有的班主任经历超过30年，马上要退休了，他们的学习状态简直吓人，他们都非常认真听课、与专家互动提出问题、非常认真地做作业，有的学习完就去各地讲学。培训完6天，我写了一个总结，题目是"优秀源于看见优秀"。暑假前跟苏主任讨论我们学校为什么下那么大力气，成绩提升却并不明显，他说其中一个原因是我们学校缺少大师级的老师，大家看不到优秀，都觉得老师的状态就是这不温不火的样子。

　　总结起来，成为优秀班主任要具备"四有"：脚下有风、手上有活、眼里有人、心中有爱。脚下有风，就是勤快，腿勤、手勤、口勤、眼勤、脑勤。手上有活，就是懂教育，懂管理，有技术，遇到问题能够科学应对。眼里有人，就是懂得尊重和换位思考。心中有爱，要爱学生、爱学校，更要爱国家。要有家国情怀，才能成为"为天地立心，为生民立命，为往圣继绝学，为万世开太平"的大先生。

　　总结为一句话，就是要做激扬生命的管理。有道无术，术尚可求也，有术无道，止于术。所有班主任，让我们秉承"融爱于心、践责于行、知行合一"的工作理念，坚持"严管厚爱"的管理理念，在搞好教学教研的同时，也要把我们的管理教研搞上去，两手都要抓，两手都要硬，这样我们就能以更快的速度进入强服务的学校发展的第三步。

这样上北京大学

高一接手新班级，我非常注重选苗。上课的时候，给学生充分展示自己的机会。我发现有的孩子思维敏捷但不细腻，这样的孩子思路来得快，但是粗枝大叶，做不到周全；有的孩子思维细腻但不敏捷，这样的孩子应付简单题目可以，稍加难度，就束手无策，潜力不大。

张同学在课堂上很沉稳，不显山不露水，但还是被我发现了。他思维不敏捷但是细腻而且深刻，能够捕捉到细节，而且善于总结规律、洞悉本质。我觉得这是个好苗子，从高一开始就为他量身定制一套方案，冲击北京大学、清华大学。

考虑到他是农村户口，可以为他制订专项计划，走自主招生校考。校考是需要竞赛知识储备的，而且仅仅一科竞赛还没有把握。结合他的兴趣特点，我们决定让他学习数学竞赛，同时配备物理竞赛老师担任他的物理老师。

当我们感到万事俱备的时候，问题出现了。我们没想到并不是所有人都像王阳明一样，生下来就想做圣人。孩子不想给自己那么大的压力，差不多就行。我们得帮他树立远大目标，不管是班会集体活动还是私下单独交流，都把增其见识作为一项任务。走出去，请进来，用美好的愿景打动他，站在山顶看风景，绝对非同寻常。

功夫不负有心人，孩子开启了竞赛之旅，这是一段艰苦卓绝的历程，他既要完成常规课程，还要专心于高难度的竞赛知识。为了刺激学生的竞赛积极性，我们想了好多办法。但是，问题还是来了。因为精力分散，高二春节期末考试，孩子的总成绩明显下滑，这个结果对一向自信的他是非常大的打击，他很长一段时间没有走出来。从心理学上讲，孩子的心理类型大体分为四种：乐天型、激进型、冷静型和忧郁型。他是典型的忧郁型，不言不语，心里有事，这种类型的孩子最怕思想走入死胡同。两种矛盾的思想交织，相互说服不了，寝食难安。越睡不着觉，身体状况越差，恶性循环，容易导致抑郁。最好的办法就是让他最亲近的人陪伴，还不能多话，等他自己醒悟。我跟家长多次沟通，讲明了问题所在和处理办法，家长很配合，每天早早地跟着孩子去田间地头，就是静静地看着孩子坐在那里想事，忍住性子不去打扰，孩子有需要时立即上前帮助，半个多月的时间孩子终于正常了。这里说起来简单，实际上是非常难熬的过程，因为再急也不能表现出来，既包括家长，也包括老师。学生心理上出现问题，一定不能着急，也不要过早定性为疾病，最好的办法就是找他心中最重要的那个人安静地用心陪伴。

经过一年的时间，张同学在数学竞赛中获得省赛区二等奖，这个成绩不好也不坏，不能直接入围清华大学、北京大学，但也具备了清华大学、北京大学专项招生的资格。高三备战高考的日子很紧张，想冲击清华大学、北京大学，还要分心去准备自招，这两项不相干的任务又相互干扰。因为前车之鉴，我知道去做孩子的思想工作很难，但还必须做。我多次利用孩子吃完饭的休息时间，慢慢分析利弊得失和渗透清华大学、北京大学的诱惑。慢慢地，孩子松动了，最后半个月的晚上用来学习自招内容。我不知道这样做是对还是错，但惜才爱才之情让我不得不这样做。

高考结束的当天，我要带着张同学去北京参加清华大学和北京大学的自主招生考试。这两所学校为了争夺生源，在考试时间和地点上动了心思，不允许学生两所学校同时参考。清华大学考点在昌平，中午12点结束；北京大学考点在海淀，下午1点开始。以北京的交通状况，一个小时从昌平教学楼到海淀教学楼，简直是难上加难。这是学生距离梦想最近的时候，也是老师距离梦想最近的时候。我拼了，找到一个同学，驱车在昌平和海淀之间来回走了三趟，摸清了每一栋楼的入口和出口，最最节时的通道也要一个小时。我要求学生上午提前5分钟交卷，力争参加北京大学的考试。一路风驰

15

电掣，好不容易到了北京大学西门，正赶上交通堵塞。我当机立断要孩子下车跑步入校。1.5公里的路程，我带着学生跑，一直跑到教学楼下，1点整，进去了。我坐在楼梯的台阶上大口喘粗气，我不知道自己哪来的力量，但我知道机会来之不易，要珍惜。一千多个日日夜夜，这是师徒俩距离梦想最近的时候。后来，张同学清华大学差一分，北京大学超一分。我觉得自己很值得。这是老师对学生的爱，对职业的负责。

我教过的学生很多，有优等生也有后进生，有遵规守纪的也有调皮捣蛋的，这是一段段爱恨交融的岁月。我用专业知识识人，因材而教；我用心理学知识救人，脱离困境；我用耐心引导人，树立远大志向，实现人生价值；我爱才如命，抢抓机遇，助力成才，这也是我应有的职业担当。

我爱我的事业，我爱我的学生，我深信教师是一份积德行善的事业，我会用心做好每一天。

芳菲歇去何须恨，夏木阴阴正可人

2020年的春节，整个中国好像摁下了暂停键，全国人民在党的领导下，与病毒展开了一场没有硝烟的战争。广大医务工作者响应党中央号召，不怕牺牲，冲锋陷阵；全国各地两百多支医疗队驰援湖北；84岁高龄的钟南山院士不辞辛劳、不惧风险，第一时间奔赴武汉；大量的公安干警、社区工作者毫无畏惧上一线。14亿迎接春节的中国人，说隔离那就一个月不出门，不给国家添麻烦；说戴口罩就戴口罩，没有一句怨言。中国人总是在最关键的时候，迸发出最闪亮的品质和最强大的力量，不是所有国家都能做到这一点，这是中国人的本能。一声令下，众志成城。我们看到社会主义能集中力量办大事！

我们应该感恩生活在这样一个伟大的国度，我们更应该感恩养育自己的双亲。母爱是一缕阳光，我们时时能感受到温暖。还有一种爱是父爱，不那么直白，不那么澎湃，它像一杯老酒，历久弥香，我们只能用自己的内心去感受、去体会。童年的时候，父亲在你心中可能是一尊高大的保护神；少年的时候，你会觉得他变矮了，甚至还没有你高；青年的时候，他可能更像一种阻碍，硬生生拦在你面前，逼着你不得不从他身上跨过。这些变化，往往在极短的时间内完成，但你正视他们的爱与包容，无私与伟大，可能需要一辈子。

1996年高考，我600分的高分却被录取到一所不理想的大学，我觉得委屈想复读一年，父亲坚决不同意。得不到理解的我一度非常低迷，不思进取，把大量的时间投放到图书室里，看一些闲书，昏昏度日。直到有一天看

17

到了路遥的《平凡的世界》，看到了故事中的孙玉厚老人，才理解了父亲的无奈。就像余华笔下的许三观，我们这个年龄的很多人都是父亲用生命之血养大的，能有机会读书已经是不堪承受之重。到底什么是父爱？就是宁愿放下自己全部的尊严，也不愿拖累自己的孩子。他们小心翼翼藏起自己的软肋，默默为孩子拥有更好的生活助力。他们的爱不挂在嘴上，也很少能像母亲那样时常陪伴，但却会在孩子最需要的时候挺身而出，为他们撑起一片天。父爱没有母爱那么温柔，却蕴含无限力量。父爱无言，父爱如山。对于拥有几千年儒家传统的中国人来说，感恩父爱早已融入中国人的血脉。筷子兄弟的一首《父亲》唱出了我们的心声："总是向你索取却不曾说谢谢你，直到长大以后才懂得你不容易，每次离开总是装作轻松的样子，微笑着说回去吧转身泪湿眼底……我是你的骄傲吗，还在为我而担心吗，你牵挂的孩子啊长大啦。"让我们面向家的方向，大声把爱说出来，爸爸，您辛苦了，节日快乐！

我们也应该感谢自己。12年来，我们一直走在上学放学的路上，可能学校变了，房子变了，但是上学这件事情却没有变。人的一生中能有几个12年单纯地做一件事？同学们，你们能够在最美的年龄做最美的事情，是因为你努力过，你们是同龄人中的佼佼者。想当年，我们哪个不是激扬文字，指点江山，梦里梦外都想活成一束光？时光飞逝，转眼我们已经高三，面对高考，留给我们的时间不足一年。或许，你脑海里初三毕业的场景犹在昨天；或许，你刚入学禹城市第一中学的场景就像昨天，但时光一去不复返，往事只能回味。

班会上我给同学们印发了一篇文章——《一张"动车票"带给我的深思》，这是2018届毕业生秦同学参观衡水市第二中学之后写下的观后感。她说，以整整12年的光阴为代价，有人买到"清北号"专列。而你呢？回忆过往无数个寒窗苦读的日子，你会甘心去往哪一个"终点站"？你是否想过，当你抵达终点站下车后，你将面对的是鲜花坦途还是穷山恶水？倘若是后者，那时你又能否坚持潇洒走一回的心态，快快活活地前行，无怨无悔直至生命的尽头？而当你再次回望过去，看到那个初登车站时稚嫩的自己，兴奋活跃怀抱着无限憧憬的自己，你会不会有一股冲动，想要沿时光长河逆流而上，穿越12年的眼泪与欢笑，去抱一抱年少单纯的自己，低下头，对那个小孩子说"对不起，没能变成你理想中的自己"。

我想，每个人都不会主动给自己的人生留下遗憾，或许还有人不理解奋斗的意义。《三体》中有这样一句话，"弱小和无知不是生存的障碍，傲慢才是"。你仔细体会这句话，深层含义更令人深思，无知才是傲慢的根源。请你相信，努力也许会说谎，但一直努力永远不会白费，执着努力的人，早晚会被时光温柔以待。

在不多的日子里，我们应该怎样更好地把握自己？我的建议很朴素，从方法上要尊重规律，科学备考；从态度上要激情昂扬，自信满满。所谓尊重规律，科学备考，我说三点。第一，注重目标导航意识。我们不管是学习还是生活，都必须明确到底想干什么，才有可能把这件事情干好。通俗地讲，没有靶子，不可能练好弓箭。我们学校曾经的口号是瞄准天上的星星总比瞄准地上的苹果打得高，就是告诉我们要志存高远。考上北京大学的一名学生说过，每当我想放松的时候，就想一想自己走在未名湖畔读书的样子，顿时干劲十足。大量统计表明，目标明确的人更容易成功。第二，重视构建知识网络。我们学习知识就像在水里捉鱼，大家想一想，是用鱼竿钓鱼效率高，还是用渔网捕鱼效率高？这是很明白的问题。研究表明，高考650分的同学不比400分的同学学到的知识更多，因为我们用的都是同一种教材，但是高分的同学明显在知识链接方面高人一筹，往往能够举一反三，实现高效学习。我们要坚持利用思维导图形成知识网络，这样不但有助于完善知识体系，成片知识更能够持久记忆。第三，利用遗忘规律合理复习。艾宾浩斯遗忘曲线告诉我们，在学习中的遗忘是有规律的，遗忘的进程不是均衡的，不是固定的一天丢掉几个，转天又丢掉几个，而是在记忆的最初阶段遗忘的速度很快。如果我们能在学习知识的5分钟内重复一遍，3小时内重复一遍，24小时内重复一遍，一周内重复一遍，就会极大程度地把暂时记忆转化为长久记忆。我建议大家每节课都要有意识地进行总结，两休时间回忆上、下午所学，自习课时先复习知识再做题。这些高效的学习方法都是很多优秀学生的经验做法，他山之石，可以攻玉。

心理学研究表明，激情能够提升自信，激情能够激发灵感。人在激情状态下是一种亢奋状态，整个身体的免疫系统都会为他服务，能极大程度地提高工作效率和学习效率。每个人都有无限的潜能，而激情能够激发人的潜能。大家一定看过一个励志短视频《永不放弃》，橄榄球队队员布洛克在教练不断的加油声中，超越了生命极限，死亡爬行超过了一个足球场的距离，振奋了全队斗志，最终使得一个屡战屡败的弱队一举夺冠。每天都要让自己活在激情当中，这才是你青春该有的样子。年轻人就应该有一种责任和担当，为理想而学，为梦想而战。

疫情期间，我养成了一个习惯，早上5点起床到公园跑步，6点见到大家的时候，我已经运动了一个小时，也跟着喜马拉雅学习了一个小时。相对于7点才起床的很多人，我每天比他们多活了两个小时，多学了两个小时，我觉得自己很了不起，每天精神饱满。学习这件事，有人觉得很苦，有人却觉得很酷，因为那些高手总能找到成长的乐趣，不断地给自己赋能。生命于我们只有一次，我们应该力争活得精彩；漫漫人生路，关键处却往往只有几步。现在正是你距离梦想最近的时候，我希望你能用力抓住，哪怕你迷茫过，只要想改变，再晚也是最早的时候。只有这样，等到将来回首来时路，才可以无悔地说：我没有虚度年华，我没有碌碌无为。

最后，我把俞敏洪的一段话送给大家：每一条河流都有自己不同的生命曲线，但是每一条河流都有自己的梦想——那就是奔向大海。我们的生命，有的时候会是泥沙。你可能慢慢地就会像泥沙一样，沉淀下去了。一旦你沉淀下去了，也许就不用再为了前进而努力，但是你却永远见不到阳光。所以我建议大家，不管你现在的生命是怎么样的，一定要有水的精神。像水一样不断地积蓄自己的力量，不断地冲破障碍。当你发现时机不到的时候，把自己的厚度先积累起来，当时机来临的时候，你就能够奔腾入海，成就自己的生命。

芳菲歇去何须恨，夏木阴阴正可人。在今天这个特别的日子里，我们心怀感恩，对自己，对家人，对祖国，向着未来，奋力冲锋，用热血的青春、滚烫的生命去追逐心中的梦想，让我们全力以赴。

停课不停学，隔屏不隔爱

亲爱的同学们，居家学习已近三周，不知道大家过得怎么样？其间同学们有问什么时候放假的，也有问什么时候返校的，是想回来了吗？老师们交流的时候，时常流露担心和牵挂，看来师徒一场，心意相通，大家应该是想回来了。

一、数学知识引发的人生思考

借今天这个机会，给大家讲一种数学思维，源自微积分，叫作用动态的眼光看问题。

什么是微积分？我举个简单的例子。一个物体静止不动，你推它一把，会瞬间产生一个加速度。但有了加速度，并不会瞬间产生速度。加速度累积一段时间，才会有速度。而有了速度，并不会瞬间产生位移。速度累积一段时间，才会有位移。加速度累积，变成速度；速度累积，变成位移。这就是积分。反过来说，物体之所以会有位移，是因为速度在一段时间的累积。而物体之所以会有速度，是因为加速度在一段时间的累积。宏观上，我们看到的是位移，但是从微观上来看，其实是每一个瞬间速度的累积。而位移的导数，就是从宏观回到微观，去观察它"瞬间"的速度。这就是微分。那么，微积分对我们的日常生活到底有什么用呢？理解了微积分，你看问题的眼光就会从静态变为动态。你今天晚上努力学习了，但是一晚上的努力并不会直接变成你的能力。你的努力，得累积一段时间，才会变成你的能力。而你有了能力，并不会马上做出成绩。你的能力，得累积一段时间，才会变成你的成绩。从努力，到能力，到成绩，它是有一个过程的，有一个积分的效应。但是你会发现，我们中有很多人，在开始努力的第一天，就会抱怨，我今天这么努力，为什么没有看到成绩提升？他忘了，这其实还需要一个积分的效应。

反过来说，有些人可能一直以来工作都做得很好，但是从某个时候开始，因为一些原因，慢慢懈怠了。他的努力程度下降了，但这个时候，他的能力并不会马上跟着下降。可能过了三四个月，才会慢慢显示出来。他会发现做事情不能得心应手了。在这一瞬间，很多人会觉得，有什么大不了的，他不过就是这一件事没做好。但他忘了，这其实是一个积分效应，这样的结果，早在七八个月前他不努力的时候就埋下了种子。

努力的时候，都希望大家瞬间认可；而出了问题，却不去想几个月之前的懈怠。这是很多人都容易走进的思维误区。如果你理解了微积分的思维方式，能够用动态的眼光来看问题，你就会慢慢体会到，努力需要很长时间才会得到认可，你就会拥有一种平衡的心态，就会避免犯这样的错误。微积分的思维方式，从本质上来说，就是用动态的眼光看问题。

俗语有云："后生可畏。""莫欺少年穷。"就是因为少年有无限的希望。但也只是希望，随着年龄越来越大，没有本领累积，也就不可畏了。

二、做更好的自己

怎样才能成就更好的自己？做好两件事情。

（一）做不喜欢但应该做的事情

人是一种十分矛盾的动物，强大的惰性与巨大的潜力在体内共存。

在没有压力的情况下，人就会变得十分懒散，做事拖拖拉拉，得过且过，十足一个平庸之辈。而施加了一定的压力和强迫之后，不断朝向一个目标努力，人的潜力才会被激发出来，显现出不同于常人的地方。所以，要做到自律，关键在于每天去做一点自己心里并不愿意但对自己有益的事情，以此来磨砺、调控自己的心性。

换句话说，就是要经常强迫自己进入状态。这样，你便不会为那些真正需要你完成的义务而感到痛苦。久而久之，这种自律行为就会变成习惯，主宰你的行为。

明代大学士徐溥自幼天资聪明，读书刻苦。少年时代的徐溥在私塾读书时，一次老师发现他常从口袋中掏出一个小本本看，还以为是小孩子的玩物，后来发现是他自己手抄的一本儒家经典语录，很是赞赏。徐溥还效仿古人，不断检点自己的言行，在书桌上放了两个瓶子，分别装黑豆和黄豆。每当他心中产生一个善念、说出一句善言、做了一件善事，便往瓶子中投一粒黄豆。相反，若是内心有什么不好的念头、言行有什么过失，便投一粒黑豆。开始时，黑豆多黄豆少，他就不断反省并激励自己。渐渐黄豆和黑豆数量持平，他就再接再厉，更加严格要求自己。久而久之，瓶中黄豆越积越多，黑豆越来越少。凭着这种持久的约束和激励，他不断修炼自己、完善自我，终成德高望重的一代名臣。

世间哪有那么多让人心甘情愿和心情愉悦的事？除非是好逸恶劳，娱乐享受。越有用的事情，做起来越不舒服。这就是人性的弱点。对此王阳明和曾国藩都主张：咬牙做去！可以说，世上的许多事情都是被逼出来的。人必须强迫自己，才能将自身潜在的才华和智慧发挥得淋漓尽致。人都有坏习气蒙蔽自己的心，坏习气蒙蔽越重，强迫自己就越艰难。但别无他法，只有付出比别人更多的努力和功夫，在一次次强迫的磨砺中，慢慢清除掉自己的坏习气，才能恢复内心的本来光明。

所以，多做不喜欢但应该做的事情，就能获得意想不到的修为和成功。

（二）不去做喜欢但不应该做的事情

王阳明说："人须有为己之心，方能克己；能克己，方能成己。"

人需要有一颗检讨自己的心，才能克制约束自己的欲望；能够克制约束自己的欲望，才能成就自己。人最终的高度，取决于对自我要求的高度，这是一定的。对自我有高要求，并严格去做，正是最好的自律。

为什么大家都知道自律的重要性，但现实中却很少有人做得到？因为自律意味着你必须有所放弃，放弃自己的偏好，放弃自己的惰性。你想要保持完美的体形、健康的身体，就必须和垃圾食品说再见；你想要成为学霸，拿到奖学金，就不能半夜三更玩游戏，谈恋爱煲电话粥；人唯做到以上两件事，才是真正的自律，达到"从心所欲，不逾矩"的高明境界。

　　与大家共勉！

班级文化展示：组名、组徽、组训

一组：光宗耀组

（一）组训

要么出众，要么出局。

（二）组徽解说

组徽以组名"光宗耀组"为主体，着重突出"组"字，虽然是冷色调的背景，但"组"字散发着光辉，给人以温暖的感受，体现小组积极向上，散发光芒。各种元素都以小组成员的名字为来源（特别感谢牛昱茹同学的灵感）：雨涵、雨鑫的"雨"；筱雅、希雅和欣怡的"筱希欣"（小星星）；昱茹的"月"；雪怡的"雪"；洋萱的"阳"。圆月和圆环表示组员团结一心，为了实现"光宗耀祖"的梦想而奋斗。

二组：风雨无组

（一）组训

少年不惧岁月长，彼方尚有荣光在。

它的意思是说年轻人不需惧怕时光与岁月的长短，无论眼前的生活有多么不如意，也别忘了继续努力前行，前方必定会有成功和美好生活等着我们。高中三年的时间不长，但当它落实到每一分每一秒，也的确不短，在此期间更需要我们坚定自我，努力前行，为了不久的将来，为了青春的理想，加油吧！少年！

（二）组徽解说

"风雨无组"谐音"风雨无阻"，通往梦想的道路上，希望我们面对风雨的时候无畏无惧，内心无阻。首先，中间的六个字"和其光，同其尘"，它的本意是：在取得一些成绩后，依然保持质朴的状态，才能不遭人妒忌，做到功成身退，善始善终。在这里我们取它保持质朴的意思，希望我们每个人都不忘初心，努力前行。组徽右上方的梅花开得正好，取自"宝剑锋从磨砺出，梅花香自苦寒来"。梅花开得这样好，是因为熬过了寒冷，这正如我们眼前的一切似乎漫漫无期，我们心中有光，它是我们的理想，我们始终相信，我们也会像梅花一样，散发出属于自己的清香。左下方的莲花取意周敦颐的《爱莲说》"……出淤泥而不染，濯清涟而不妖……"自古以来，莲花象征着君子，而成为君子对于我们来说何尝不是一种向往？我们称赞君子的言行，我们渴望成为君子。中间呈现的是山的那一边正在冉冉升起的太阳，这太阳象征着理想，这山象征着风雨，通往成功的路总是布满荆棘，但不要忘了在山的那一边，有更广阔的天地，有更耀眼的光芒，有更伟大的奇迹在等着我们。组徽左上方抽象的图案为"2"，因为我们是第2组。

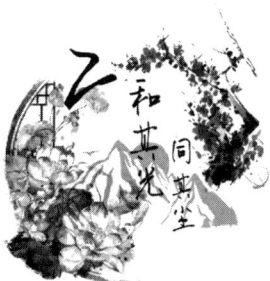

（三）组歌

《孤勇者》："爱你孤身走暗巷，爱你不跪的模样，爱你对峙过绝望，不肯哭一场，爱你破烂的衣裳，却敢堵命运的枪，爱你和我那么像，缺口都一样，去吗？配吗？这褴褛的披风，战吗？战啊！以最卑微的梦，致那黑夜中的呜咽与怒吼，谁说站在光里的才算英雄。"现在的我们，为了明天的理想而努力的我们，也算英雄。

三组：众搏组

团队是需要拼搏的，只有敢于拼搏，才能取得成功。"众"则是代表团队中的所有成员。"众搏"的意思是大家同心协力，一起拼搏。

27

（一）组训

水涨船愈高，覆巢无完卵。

（二）组徽解说

发扬包容、进取和独立的精神，大家同心协力，一起拼搏，争创最优团队。

四组：Dream^6

（一）组训

梦想之花，粲然绽放。

（二）组徽解说

每个人都有梦想，梦想对于我们来说，是一种目标，一个方向，一种信仰。有了信仰，我们在学习的道路上才会有前进的动力，不管道路有多么坎坷，我们都会披荆斩棘。

组徽上角的6次方，一是代表我们组的6个成员；二是代表我们的梦想肯定是大于1的，那么梦想的6次方就会变得很大很大。

Dream上面的一行字母是组内每个成员名字第一个字的首字母，下面的一行是每个成员名字最后一个字的首字母，围绕着Dream成为一个圈，是希望我们以梦想为主体，团结一心。

组徽的背景是天空，天空是无边无际的，意味着我们在追逐梦想的过程中会激发出无限的潜力。

五组：明懿五组

（一）组训

天道酬勤。

（二）组徽解说

五彩的颜色代表组员不同的性格，每个人有每个人的特点，每个人也有自己擅长的学科，我们每个人互相学习，互相补充，互相借鉴，共同

成长；五边形与FiVE代表我们五组；独角兽代表梦幻，也代表我们的梦想，希望我们都能实现自己的梦想；旁边的星星代表浩瀚的天空，表示我们要心向天空，朝着目标前进。

六组：跃渊

（一）组训

不苦不累，高中无味；不拼不搏，等于白活！

（二）组徽含义

"跃渊"取自《易·乾》——或跃在渊，无咎。龙或跃上天空，或停留在深渊，而我们则是以鲲鹏为物象，意味着我们将扶摇而上！不会畏惧回避。借助有利的时机，把握机会，我们小组团结一致，互相依靠，互相帮扶，跃出深渊，化鲲为鹏，鹏程万里！这个鲲的形象，色彩绚烂，

看起来十分自信有活力！这也恰好象征了小组的朝气蓬勃！它的头微微向上抬，意味着我们要往前看，往高处看，往远处看。不必在意当前的磨难！而它背后那绚烂的弯月以及斑斓的云海则象征了我们的锦绣前程！是我们对未来的美好期望！

七组：畅通无组

（一）组训

胜不骄，败不馁，全力冲刺不后悔。

（二）组徽解说

组徽正中间是组号"7"，6只七星瓢虫代表小组的6名组员，组徽的主色调是绿色，代表着勃勃生机，象征着七组的成员富有朝气、蓬勃向上的生命力，一条通往成功的道路承载着"7"，象征我们七组的成员在通往成功的道路上会一路绿灯，在通往成功的道路上一路繁花盛开，越过学习道路上的坎坎坷坷，向成功的终点迈进。

八组：素年锦时

（一）组训

但立直标，终无曲影。

（二）组徽解说

素年意指不曾修饰、天性自然的时期；锦时意指华丽丰富的美好时期，组合在一起实际是指一生中年少青春，未沾染一丝铅华，纯本自然，年华美好，万般心绪的美好青春时期。

竹子象征着生命的柔韧坚强；竹子纤细柔美，长青不败，象征青春永驻；竹子潇洒挺拔，清丽俊逸，象征君子风度；竹子空心，内敛低调，象征虚心品格；竹子弯而不折，折而不断，象征气节和傲骨；竹子生而有节，竹节必露，象征高风亮节，富有气节。

竹子的精神品质是顽强不屈，它的根系吸附能力极强，在岩石上都能够正常生长；它的身形笔直高大，大风也不会吹弯它的躯干，即使在贫瘠的土地上也能茁壮成长，这是一种百折不挠、坚强勇敢的精神。希望组员面对再多的挫折也依然像竹子那样勇敢，在学海中昂扬起帆。

"基于高中学生核心素养提升的课程与教材开发研究"开题报告

一、开题报告要点

(一)内容

1. 课题研究的背景

(1) 联合国教科文组织

在"终身学习"思想指导下,联合国教科文组织提出了"界定21世纪社会公民必备的基本素质"——终身学习的五大支柱,包括学会求知、学会做事、学会共处、学会发展以及学会改变。其中,学会求知是终身学习的基础。每一支柱里又包含各种具体的基本技能,组成了"终身学习"的基本指标体系。

基于"终身学习"理念,2000年,在达喀尔世界教育论坛上,164个国家政府承诺要实现"全民教育"。基于全民教育的优质教育普及任务驱动了联合国教科文组织开启了学习结果指标体系,即核心素养指标体系的研究。

2012—2013年,学习成果衡量特设工作组的标准工作组初步确定了核心素养指标体系的七个学习领域及其内涵,并对0～19岁各年龄段孩子应该具备的核心素养进行了更为详细的区分和界定。

(2) 经济合作与发展组织

1997年,经济合作与发展组织启动了"素养的界定与遴选:理念框架与

31

概念基础"（简称DeSeCo）项目，并最终于2002年完成了项目研究，2003年发布了研究成果报告。DeSeCo报告中指出了促进成功的生活与健全的社会的核心素养的三项基本类型：能互动地使用工具、能在异质社会团体中互动及能自主地行动。DeSeCo报告指出，三项核心素养是一种相互依存的关系，虽然它们各有自己的焦点内容，但是素养的社会复杂性与联结性使得它们依然彼此相互关联，共同描绘出了核心素养的概念。

（3）欧盟

2000年，欧盟在里斯本（Lisbon）举行的高峰会中，确立了要立足于终身学习，建构一套"核心素养"作为欧盟各成员国共同的教育目标，在2010年欧洲将达成世界上最具竞争力的知识经济实体的目标。

欧盟首先对核心素养进行了精简、务实的定义：一个人要在知识社会中实现自我、融入社会，以及具备就业时所需的能力（包括知识、技能与态度）。

《终身学习的核心素养：欧洲参照框架》对每项核心素养进行了定义，并界定和描述了每项素养所包含的知识、技能与态度。欧盟指出，所提出的八项核心素养同等重要，因为它们中的每一项都有益于知识社会中的成功生活。而且，其中的很多核心素养都是相互交叉或重叠的。

（4）美国

美国于2002年正式启动21世纪核心素养研究项目，这一项目旨在促进美国教育系统能够培养出具备适应时代挑战的知识与技能的学生，即完成受教育经历后的学生必须满足美国职场对人才的最新需求。

① 以核心素养为中轴的21世纪学习体系建构。与世界上其他组织和国家不同的是，美国21世纪核心素养研究项目从一开始就建构了以核心素养为中轴的学习体系。

其中，核心科目主要包括英语、阅读和语言艺术、外语、艺术、数学、经济、科学、地理、历史、政府与公民等。同时，在保留传统核心课程的基础上，还增加了5个21世纪主题，其目的在于帮助学生进一步学会应对现实生活的具体问题。但是其教学活动不以独立学科存在，而是需要融入核心科目中。5个21世纪主题是跨学科的，其内容包括全球意识、理财素养、公民素养、健康素养、环保素养。

② 21世纪核心素养指标体系。在21世纪学习框架体系中，构成学生学习目标的主要内容有三个方面：学习与创新素养，信息、媒介与技术素养，生活与职业素养。

党的十八大和十八届三中全会提出将立德树人的要求落到实处，2014年教育部研制印发《关于全面深化课程改革 落实立德树人根本任务的意见》，提出"教育部将组织研究提出各学段学生发展核心素养体系，明确学生应具备的适应终身发展和社会发展需要的必备品格和关键能力"。

2016年9月13日上午，中国学生发展核心素养研究成果发布会在北京师范大学举行。北京师范大学校长董奇、教育部基础教育二司副司长申继亮出席会议并致辞。来自教育学界和心理学界的知名专家学者、教育行政部门人员及一线教育工作者代表等参加了会议。

2. 课题界定

（1）本课题的研究对象

禹城市第一中学课程研究所，高一到高三年级的学生，部分学科教研室。

（2）整体推进

在德州市普通高中全面开展，当前主要指禹城市第一中学。

（3）小课题研究

以教师在教育教学实践中，基于学生核心素养提升，如何开发与研究课程教材为主要内容。主要由名师团队合作，经课堂中的实践，把核心素养落到实处，且根据核心素养的实质研究出具有实际意义的教材与课程。

（4）策略与方法

核心素养是党的教育方针的具体化，是连接宏观教育理念、培养目标与具体教育教学实践的中间环节。党的教育方针通过核心素养这一桥梁，可以转化为教育教学实践可用的、教育工作者易于理解的具体要求，明确学生应具备的必备品格和关键能力，从中观层面深入回答"立什么德、树什么人"

的根本问题，引领课程改革和育人模式变革。

3.研究基本原则

（1）坚持科学性

紧紧围绕立德树人的根本要求，坚持以人为本，遵循学生身心发展规律与教育规律，将科学的理念和方法贯穿研究工作全过程，重视理论支撑和实证依据，确保研究过程严谨规范。

（2）注重时代性

充分反映新时期经济社会发展对人才培养的新要求，全面体现先进的教育思想和教育理念，确保研究成果与时俱进、具有前瞻性。

（3）强化民族性

着重强调中华优秀传统文化的传承与发展，把核心素养研究植根于中华民族的文化历史土壤，系统落实社会主义核心价值观的基本要求，突出强调社会责任和国家认同，充分体现民族特点，确保立足中国国情、具有中国特色。

4.研究内容

研究内容很丰富，归纳起来主要有以下三大项。

（1）学生发展核心素养，主要指学生应具备的，能够适应终身发展和社会发展需要的必备品格与关键能力。研究学生发展核心素养是落实立德树人根本任务的一项重要举措，也是适应世界教育改革发展趋势、提升我国教育国际竞争力的迫切需要。

（2）课程，是教育的核心，是学校有计划地开展的所有的教育教学活动的总和。学校的培养目标就是靠课程去实现的。形象地讲，课程决定了我们的学生走什么路，去什么地方，用什么交通工具，一路上都有些什么风景，会有些什么样的体验，因此，它也叫作"路程"，或者"学程"。它包括课程目标、课程内容、课程实施方式和课程评价与管理。

（3）把课程、教材与核心素养结合在一起，是我们课题组的主要研究方向。如何把核心素养与课题组的课程、教材开发有机结合是我们工作的重中之重。

（二）方法

文献研究法、行动研究法、调查法、观察法和个案研究法。有关理论依据的研讨及国内外相关经验的研讨主要采用文献研究法。外出活动等主要采用行动研究法。课程开发建议意见研究，主要采用调查法。观察法和个案研究法主要用在平时的各学科综合性学习教学研究方面。此外，还采用自然实验法和教育经验总结法等进行实验研究。

（三）组织

（1）开展问题串课堂教学法。如高中数学、生物多以问题引导开展教学。

（2）构建合作探究教学模式。课前认真研读学习目标，搞清楚这节课到底要教给学生哪些知识、哪些思想，形成哪些核心素养。深挖知识背后的逻辑，提炼能激发思维的问题串，通过类比、对比，构建完整的思维体系。创造更多学生展示的机会，让学生参与评价，营造张弛有度且有温度的课堂。

（四）分工

1. 准备阶段

负责人：杜兴义、李冬明、廖庆国

2. 探索研究阶段

负责人：杜兴义、隋桂霞、张善通

3. 深化研究阶段

负责人：杜兴义、廖庆国、刘建芳

4. 结题阶段

负责人：杜兴义、李冬明、隋桂霞

（五）进度

1. 基本思路

（1）各学科开展问题教学研究。如高中数学、生物以问题引导开展教学。

（2）构建主动合作、探究学习的教学模式。把学习的主动权交还给学生，破除以教师的见解代替学生的思考、以现成的答案代替必要的探究的教学陋习，"抓精华、讲精彩、练精要"，引导学生看书、思考、质疑、交流，真正使课堂变成"学堂"；培养学生主动质疑的习惯，要求教师精心设计提问，引导学生探究解疑；教给学生主动探究的方法，拓展学生主动探究学习的空间。

2. 总体框架

研究基于核心素养的课程和教材开发，应包括基础型课程、研究型课程、拓展型课程，要研究各类课程和教材的制定原则、内容架构，以及学科教学目标、教学指导、教学评估等问题，为课程提供各学科专业理论依据。

3. 创新之处

我校课程开发研究整体体系分课程统筹研究、校本课程开发、实验课程研究、高中学科高效课堂研究四个方面，整体设计，相互补充，全面推进。下面分板块具体阐述特色与创新策略。

（1）课程统筹研究：学校教科所分学科制定课程目标、理念、研究、落实，协调各学科统筹研究课程落实。

（2）校本课程开发：学校各教研室负责组织校本课程——导学案编制，信息采集、运用。

（3）实验课程研究：学校实验室负责组织实验课程的编制、施行，实验课程的开发。

（4）高中学科高效课堂研究：教导处、各学科教研室负责开展课程开发的实施和高效课堂建设，通过高效课堂，制定评价机制，检查课程理念的落实，收集和总结开发结果。

4. 具体进度

第一阶段：2017年8—12月，准备启动阶段。

选题（拟定课题名称）和制订课题研究方案，确定课题组成员，明确分工。准备课题研究的相关物质资料，与相关班级班主任做好沟通。

第二阶段：2018年1—4月，研究、探索阶段。

收集数据，对数据进行整理分析，对教材与课程及时修整。写出分析报告及阶段性研究报告。

第三阶段：2018年5—8月，深化研究阶段。

根据第二阶段中发现的问题，确定下一步开展介入的方案。把修整后的教材发给学生进行下一阶段研究，并通过总结反思和对学生进行访谈不断改善课程教材。

第四阶段：2018年8—12月，研究总结阶段。

对整个研究阶段进行结题报告，对课程与教材的开发有效度进行评估，并出版《基于学生核心素养提升的课程与教材开发研究》等成果。

（六）经费分配

根据各个阶段的活动情况实报实销。

（七）研究条件

1. 课题组人员简况

（1）课题负责人

禹城市第一中学高三级部主任杜兴义。

（2）课题组主要成员

禹城市第一中学历史教研主任，一级教师李冬明。

禹城市第一中学数学责任教师，一级教师隋桂霞。

德州市生物教研员，一级教师廖庆国。

禹城市第一中学教导处副主任，一级教师张善通。

禹城市第一中学语文责任教师，一级教师刘建芳。

2. 研究人员的学术简历

杜兴义：2016年参与的德州市重大课题"高中优秀生培养策略、途径与方法研究"已经结题。

李冬明：2014年2月主持的德州市重点课题"高三历史学科复习研究"通过鉴定结题。

上篇 心之所向

隋桂霞：2014年4月校本论文《例说人教B版新课程改革点滴建议》以第二作者的身份参与创作。

廖庆国：2014年2月参与的德州市重点课题"高效课堂教学特征及实施策略研究"已经结题。

张善通：2014年4月校本论文《例说人教B版新课程改革点滴建议》以第一作者的身份参与创作。

刘建芳：2011年1月论文《如何解读古典诗歌的思想内容》在刊物《学生之友》发表。

3. 我们的研究基础

学校将为课题的开展提供必要的设施、设备、教育环境、资料信息、实验研究对象等。

时间保障：每一阶段保证至少4个月实践时间，争取把每一阶段的调整、修整、总结落实好，还能有1个月的机动时间，避免意外事件的干扰，以保证课题的正常进行。另外，在准备启动阶段保证了5个月的时间，目的是把课题组成员与全校学生的行动调动工作做好做扎实。

市县领导的重视、学校全体师生的合作，是我们结题的重要保障。成员间的定期总结与展望，成员间的精诚合作是我们能研究的内在保障。

本课题负责人和研究人员，有充分的研究时间和资料及设备从事这项研究，有充分的信心和决心去开展好这项工作，确保扎实有效，力争按时结题。

（八）预期成果

1. 成果形式

主要是研究报告、研究论文，另有学校级相关机制、制度、办法及教师教育叙事、教学案例、教学反思、教育随笔等。

2. 使用去向及预期社会效益等

在全校推广的基础上，争取向全市乃至市外逐步展示，在交流研讨中更加完善。

3. 阶段性论文

2017年12月，阶段性论文《学生核心素养提升的课程与教材现状》。

2018年4月，阶段性论文《学生核心素养提升的课程与教材开发方案调研》。

2018年8月，阶段性论文《学生核心素养提升的课程与教材开发方案修整》。

2018年12月，阶段性论文《学生核心素养提升的课程与教材开发研究》。

二、重要变更

根据专家的建议，在研究过程中要立足本地实际，下大气力深化研究。

加强教师的教育教学理论学习。理论是实践的基础，脱离理论而实践的实践是一种盲目的实践，没有理论的实践就像是无源之水，无本之木。只有加强教师的教育教学理论基础，才能最大限度地发挥出它所能达到的效益。

积极开展实践活动。通过实践，根据课题研究和课堂中收集到的反馈情况，引导研究人员归纳概括，梳理整合，使之系统化。通过对比、分析、综合，把感性认识上升到理性认识。

及时反馈研究中出现的问题，及时调整研究内容。教育问题是教育教学研究以及教育教学向前发展的内在动力，小课题研究也必定在问题中前进，在问题中成长，针对出现的问题，及时调整方向，优化策略。

三、所在单位科研管理部门意见

本课题着眼于实践探索，立足中小学教师教学实际进行研究，着力解决教育教学中的真实问题。将研究和解决教育教学中的真实问题作为小课题研究的着力点，促进课改重点、难点问题的有效解决，着力提高中小学教师的研究能力和专业水平，注重拉近教育科研和教学的距离，力求探索一系列小课题研究管理方略，内容包括小课题研究的基本理论研究、整体推进小课题研究的基本方略研究、成果推广的方式方法研究等，具有较强的实用价值。

本课题方案思路清晰，资料丰富，内容扎实，流程设计合理，只要根据专家的建议对研究方案再完善、再细化，制订科学有效的研究计划，扎实有序地做下去，相信一定能获得理想的成果。

附：

1. 开题活动简况

开题时间：2017年8月

地点：禹城市第一中学

主持人：杜兴义

评议专家：李虎林、秦士杰、房新生

参与人员：杨春青、孙勇、支学民、杨保芹、张忠勇、张静、邳延路、张军方

2. 专家评议要点

杜兴义主持的德州市规划课题"基于高中学生核心素养提升的课程与教材开发研究"，研究的目的明确，内容丰富，对改进学校的教学实践，促进教师的专业发展非常有益。专家组认为，该课题研究的对象是教育教学实际当中具体的、细小的、真实的问题，研究的情境就是区域性，对于推进区域课题研究有着不可替代的作用；研究的方法是针对教师们的校本研究、行动研究、叙事研究、个案研究、调查研究、经验总结式研究。研究的周期适宜；研究的基础是教师的研究兴趣、教学需要、支持环境、现实能力极强；研究的主体就是市域、县域、乡域，或者说是教师群体性的问题；研究的优势是教师在教育教学"现场"中，遇到的很多鲜活的教育情境、教育问题、教育故事。

专家组成员一致认为，"基于高中学生核心素养提升的课程与教材开发研究"的组织形式、设计的进度、经费的筹集与使用、达到的效果都符合实际。建议该课题的所有成员团结一致，克服一切困难，坚持不懈

研究下去。要多到基层了解情况，结合实际找出问题，对区域性问题深入总结，找出规律，力争对全市、全省乃至全国的核心素养与课程开发做出贡献。

专家组签名　李虎林

2017年9月1日

上篇　心之所向

"基于高中学生核心素养提升的课程
与教材开发研究"中期报告

中期检查活动主要是分析已取得的研究成果，研讨课题研究的可持续性，重点是反思、归纳、深化、细化。中期检查活动建议由市级教育科学规划领导小组办公室集中组织，或由所在单位科研管理部门负责组织实施，并尽可能向社会开放。

一、中期检查活动简况

2018年6月26日，在禹城市第一中学禹城市教育局教科所组织评议专家陈德军、魏传宝、周兴禹、王同军、徐茜等，对禹城市第一中学杜兴义主持的德州市"十二五"规划一般课题进行了中期检查，在查看相关资料后，评议专家听取了课题主持人所做的专题汇报。

汇报会由禹城市教育局教科所副所长魏传宝主持。汇报内容包括研究计划执行情况、研究过程中面临的问题及困惑、阶段性成果展示、经费到位和使用情况及相关图片等，并进行了现场答辩。禹城市教育局教科所所长陈德军对课题实施情况和研究成果进行了点评与指导。郅延路校长、高金利所长和课题组全体成员参加了活动。

二、中期报告要点

（一）研究工作主要进展

本课题研究在充分考虑德州市重点高中新课改新要求的基础上，立足本校实际积极探索，在小课题研究的必要性、时代性特点、研究价值和意义、成果表达方式、成果评价方式、研究成果的推广应用等方面力争探索出一定的路子、经验，尤其是新课改对先行高中教师和教学的核心素养要求与课堂改革方面具有一定的历史意义。

整个研究拟在两年内基本完成，2017年7月—2018年12月已经完成"选题论证、开题培训、实施研究、总结成果"的基本步骤。在小课题研究各项制度、技术培训、成果管理评价方面先期形成了规范。研究过程中，我们将课题不断延伸至学校各个年级，定期开展骨干教师论坛和专题征文等活动，切实促进教师专业化成长。

本课题严格按照方案实施研究，及时组织了理论学习、开题论证、中期检查、会议评估，并召开了多次文献学习、阶段性汇报、工作总结来推进会议，目标明确，执行坚定，课题组成员承担培训全市中小学新教师的任务。

前期研究主要经历了两个阶段。

1. 准备阶段（2017年7—12月）

为保证课题研究的顺利进行，我们在禹城市第一中学语文、数学、历史、生物四个学科教研室内组织学生调研、问卷调研、骨干教师交流了解该课题应该具有的价值和意义，多次组织课题组成员召开小课题研究研讨会议，针对研究范围与方向不明确等问题进行了深入剖析，据此我们制订了实施方案，制定了课题组工作制度。

2. 初步探索阶段（2018年1—12月）

本阶段的主要任务是营造更加浓厚的研究氛围，初步发挥各位课题组成员的作用，强化理论学习，重点研究整体推进小课题研究中的主要问题，并分析其原因。此后，课题组按研究方案进行探索研究，在禹城市第一中学2015级、2016级、2017级三个年级选择6个班级进行重点实验，鼓励教师发现问题、提出问题、探究问题、讨论问题、解决问题，以草根观点进行常态研究，针对教育教学中的现实问题，开展合作互动、共享的行动研究，寻找具体可行的操作策略，积累朴实、生动的教育故事，探索学科核心素养在课程中的角色和地位，以及如何进行课堂落实。

（二）阶段性成果

前期研究中，我们发现在整体推进小课题研究中存在以下问题：一是学校和老师对小课题研究重要性认识不足；二是教师不知道如何选题；三是教师小课题研究知识匮乏；四是教师不注重研究过程和不注意积累研究资料；五是教师不清楚小课题成果有何种表现形式；六是教师不知道如何整合研究资料、不知道如何撰写研究报告；七是各级教科研部门不重视优秀研究成果推广；等等。

针对以上问题，我们采取了对策。

（1）针对学校和老师对小课题研究重要性认识不足的问题，我们通过会议等形式，加大了宣传力度，学校领导对小课题的独特作用认识越来越到位。

（2）加强课题组成员对课题理解的深入化。通过网络学习，外出学习，课题组成员每周一教研、每周一交流等活动，逐步加深了对该课题重要性的认识。

（3）针对教师不知道学科素养和课程的辩证关系，我们在语文、数学、生物、历史四个学科教研室中规划了四个小课题，每个成员参与其中之一，举办了专题讲座。

（4）针对教师不注重研究过程和积累研究资料等问题，我们提出了对参与研究的学科组教师进行量化积分，开办了课题分享专版书面化，要求每个月将研究资料进行收集整理汇总，然后组织教师进行交流补充完善，提炼有价值的研究信息，剔除无效的研究内容，实时把握研究方向。

（5）针对教师不清楚小课题成果有何种表现形式，不知道如何整合研究资料、不知道如何撰写结题报告等问题，我们专门邀请禹城市第一中学已经承担并取得丰硕成果的专家组——房新生、李建坤、李虎林、高金利等进行了讲座，让教师普遍明白了"教育叙事、教学案例、教学论文、教学反思、研究日志"等小文章的基本写法，并在规定的时间内完成一篇。然后要求参与课题的成员将为期1年取得的成果在四个教研室内进行展示交流，学科组教师提出建议和完善意见，逐步形成研究成果。教师掌握了研究报告的写法、研究成果的整合提炼要求、成果鉴定材料的撰写方法。

（三）主要创新点

（1）带动禹城市第一中学语文、数学、生物、历史四个教研室建立了课改小组，配合小课题参与实验活动。

（2）在2017级山东省选课走班年级进行了学科素养和新课程课标学习活动，为小课题积累素材。

（3）各学科开展问题教学研究。如高中数学、生物以问题引导开展教学。

（4）创新了课题教学模式，借鉴衡水中学"6+1"高效课堂模式。

（四）重要变更

无。

（五）下一步计划

一是提高认识，加强指导，提高小课题研究的规范化和时效性，加强小课题研究中期检查；二是加强培训和指导，坚持专家引领、骨干引领和基地引领相结合。

后期研究主要分两个阶段：深化研究阶段和结题鉴定阶段。深化研究阶段在总结上阶段成功经验的基础上，重点探讨解决以上问题的对策和办法，研究整体推进策略和方法，扩大研究成效。结题鉴定阶段重点总结和整合研究成果，分工合作、全面分析各类研究资料，包括基础性资料、计划性资料、过程性资料、专题性资料、效果性资料。

（六）可预期的成果

1. 课程统筹研究

学校教科所分学科制定课程的目标、理念、研究、落实，协调各学科统筹研究课程落实。

2. 校本课程开发

学校各教研室负责组织校本课程的导学案编制，信息采集，运用。

3. 实验课程研究

学校实验室负责组织实验课程的编制、施行、开发。

三、主要阶段性成果及影响

（1）隋桂霞老师取得2017年度德州市教学成果二等奖。2018年1月在《课程教育研究》发表《建构主义环境下高中数学教学模式的应用分析》成果论文。2018年4月在德州市数学教学会上做"数学核心素养——统计案例专题"报告会。

（2）杜兴义老师取得2018年德州市教学成果二等奖。2018年4月在德州市数学教学会上做"数学核心素养——数列案例专题"报告会。2018年9月在德州市高三备考专题会议上做"核心素养下的导数备考"专题报告。2018年9月对禹城市全体青年教师做"仰望星空，脚踏实地"入职素养培训。2018年10月赴烟台第一中学跟岗实训一周，执教"函数的零点"，倡导运用"6+1"高效课堂模式，得到一致好评。

（3）廖庆国老师在2017—2018年被禹城市第一中学"6+1"高效课堂模式确定为立标人。2018年进行山东省一师一优课比赛，荣获三等奖。2018年10月赴烟台第一中学跟岗实训一周，评审合格。2018年11月执教的"生态系统的结构"在德州市高中生物优质课评选活动中荣获一等奖。

（4）刘建芳老师在2017—2018年被禹城市第一中学"6+1"高效课堂模式确定为立标人。2018年6月第二十届"语文报杯"全国中学生作文大赛中辅导学生作文荣获写作指导一等奖。2018年8月获北京大学中国语文文学系举办的第十三届中小学创新作文大赛总决赛指导教师三等奖。2018年11月执教的"故乡的榕树"在德州市高中语文优质课评选活动中荣获一等奖。

（5）李冬明老师在2017年12月德州市高中历史名师人选及其团队命题能力和授课能力培训中，根据自己多年的教学经历做了"学习方向的转变——从新文化运动到马克思主义的传播""提升命题能力，有效引领教学"的讲座，效果良好，得到领导和老师的一致好评。2018年先后赴衡水市第二中学、石家庄精英中学进行业务学习和交流，不断提升自己的教学水平和科研能力。2018年5月16—18日参加了德州市高中名师及其团队新高考命题能力实训活动，进一步学习命题方面的原则和技巧，并完成了领导分配的命题任务。2018年8月论文《如何构建高效有序的高中历史对话教学》发表在《中学历史教学参考》上。2017—2018年被禹城市第一中学"6+1"高效课堂模式确定为立标人，率先研究制定出历史教学学案、课件模板，并在全组推广。2018年参加山东省一师一优课比赛，报送的课例《战后资本主义世界的经济体系》被评为山东省2017—2018学年度"一师一优课，一课一名师"活动"优课"。2018年10月赴烟台第一中学跟岗实训一周，执教公开课"中日甲午战争"，获得领导和老师的一致好评，成绩合格，准予结业。

四、专家评估要点

专家认定：课题组在课题研究中，思想重视，过程衔接，能按照课题研究程序对材料进行收集、整理、汇总、调整。

(一) 过程实施

（1）能够确定每位成员的工作目标，分阶段制订实验计划，并认真抓好落实。

（2）能够经常对照研究目标要求，对实验工作及时进行回顾，并积极组织课题研究工作交流与研讨。

（3）能够注意分析、研究课题实验过程中遇到的困难和问题，分析实验的成功与不足，及时调整研究对策、措施，保证实验方向正确，推进研究工作。

(二) 资料管理

指定专门人员注意收集与课题实验有关的一切资料，包括：课题申报评审表、课题实验方案及分阶段实施计划、阶段性实验工作小结、结题报告，反映实验研究活动开展情况的有关图片、文字资料，并认真加以整理和归档。

上篇 心之所向

（三）自我评价

（1）学科组成员能如实、客观地对课题实验进行自我分析、自我评定。

（2）课题组成员及时对课题实验的总体情况进行总结、分析并取得成效，找出存在的不足。

因此，专家组对课题前期所做的研究工作给予肯定。建议课题组把课题研究内容再做调整，加强"拓展类""实践类"课外学习指导的实验和研究，把研究的成果逐步推广，起到引领和辐射作用。

五、重要变更

根据专家组评估意见，结合本课题的研究实际，经课题组成员研讨后，对下一步研究做如下调整。

建立禹城市第一中学学科核心素养中心，载体是学科教研室。

语文增加对阅读学习的研究，数学建立兴趣小组和建模小组，生物建立实验小组，历史建立兴趣小组，编制部分校本教材。

我们接受专家组的评估建议把重点放在加强"拓展类""实践类"课外学习指导的实验和研究，主要从学生的角度来反思如何设计活动流程，多角度、多形式、立体式地潜心研究这两种类型。根据研究内容的调整，我们会加大研究力度，以期把研究的成果逐步推广，起到引领和辐射作用。

六、所在单位科研管理部门意见

本课题前期研究已初见成效，思路清晰，资料丰富，内容扎实，流程设计合理，只要根据专家的建议对研究计划再完善、再细化，扎实有序地做下去，相信一定有好的成效。

请各单位依据《德州市教育科学规划课题管理办法》有关规定，按时做好课题中期检查的组织、管理、实施以及资料报送工作。

构建合作探究课堂：谈问题串教学的课堂设计

我的研究课题题目是平面解析几何第一节"坐标法"，这是解析几何模块的起始课，内容相对比较简单，学习目标有两个：掌握平面坐标系下两个基本公式和感受坐标法在解决几何问题中的优越性。

我在设计这节课的时候，一是想让学生对整个解析几何模块有一个系统的认识；二是通过笛卡儿与小公主浪漫的爱情故事，提高学生学习数学的兴趣；三是想让老师们感受生本课堂的数学样态。

我的课堂教学是从17世纪欧洲数学发展史开始的。17世纪之前数学的两大分支代数和几何是在东西方两个阵营并行发展的，相互之间没有任何交集。17世纪中叶，文艺复兴后的欧洲学者探究真理的欲望特别强烈，他们既接受了古希腊的几何学，又接受了来自东方的代数学，正处在数学两个发展方向的交汇处。追求理性的笛卡儿总是感觉这两者之间能够统一起来。他受墙角蜘蛛网的启发，创建了坐标系，把点用坐标表示，把图形用方程表示，实现了数与形的结合，这是一个十分伟大的创举，从而把动量引入数学，开启了整个现代科学。笛卡儿被称为"现代哲学之父"。这一段讲解是把数学史融入课堂中，结合大单元教学思想，让学生对解析几何有一个整体的认知。

为了使同学们更加直观地感受笛卡儿的迷人理性之美，我讲了笛卡儿和瑞典公主的浪漫爱情故事。笛卡儿酷爱数学，即使流浪街头，也不忘拿着数学书在路边研读，这一幕被公主看到，公主走上前表示关心。笛卡儿和公主交流了几句，发现公主有非常高的数学天赋。几天后，国王邀请笛卡儿入宫担任公主的家庭数学老师。很快公主被笛卡儿的睿智所打动，坠入爱河。国王很不高兴，就把笛卡儿流放了。笛卡儿不死心，坚持给公主写信，每一封信都很简单，就是一个方程。国王看不懂，召来其他数学家也解答不了，到第十三封信的时候，交给了公主，公主画了个坐标系，结果是心形曲线。公主泪崩了，四处寻找笛卡儿，结果这时笛卡儿已经去世。

笛卡儿用自己非凡的大脑给几何和代数之间架起了桥梁，创造了数形结合思想，开创了解析几何，从而把动量引入数学。这一设计在于提高学生学习数学的兴趣，同时让同学们感受追求理性之高贵。

教材的处理是先学后教，同学们自学教材3分钟，我以问题串的形式展开教学。

（1）具备了什么条件才叫数轴？

（2）规定了原点数就有了什么之分？

（3）规定了正方向，就意味着数轴上的左右两个数有什么关系？

（4）给定轴上的两个数，怎样表示距离？

（5）不知道两个数的位置关系，应该怎样处理？

（6）轴上中点坐标公式是什么？

（7）把距离公式和中点坐标公式推广到平面是什么样子？

（8）如何证明平面内两点距离公式？

（9）这种证明用到了什么数学思想？

（10）假如把这两个公式推广到三维，应做怎样的改变？

（11）你已经掌握了哪两个基本公式？

这个过程，老师只是提出问题，所有新概念的生成都是学生完成的。老师只需要提出有思维价值的问题，而且是层层递进的。我总是有意识地提醒大家，一定要从表面知识挖下去，挖出背后的逻辑来，才能提出有思维价值的问题。这里融合了由低维到高维的知识拓展和处理问题时把高维降为低维的转化意识。所有数学问题的解决都是把不熟悉的转化为熟悉的，把高维的转化为低维的，把复杂的转化为简单的，把抽象的转化为具体的。这个地方是一个闭环，形成一个系统，这就是结构教学法。

后续学生开始做例题，完全由学生展示讲解，由学生补充完善，由学生总结规律。老师的作用就是适时地提出问题。

（12）问题1的解决用到了哪些公式？体现了怎样的数学思想？

（13）例题2和例题1在条件上有什么本质区别？

（14）同学展示的这个做法建系是否合理？

（15）合理建系的原则是什么？

（16）该同学注意到了哪个细节？

（17）这种题型的解题步骤是什么？

对于例题的处理，不是就题论题，而是说事拉理。一回扣基本概念和基础知识；二总结提炼；三类比找共同点，对比找不同点，制造认知冲突，这样才能刺激脑神经，有更深刻的记忆。

整节课，我就是一个导演，不断地抛出问题，学生在解决问题的过程中就把这节课的目标都实现了。所有的课堂生成都是自然而然的，都是学生自己思考出来的东西，这是在学生认知体系中就近发展起来的，很容易在学生脑袋中生根发芽，记忆牢固。我们要帮助学生将知识串成串，连成片，最后结成网。

我认为高效课堂，一定是学生喜欢的课堂。怎么才能达成这样的课堂？首先，在观念上要改变，我们的课堂一定是落实到学生的学上，所以，课堂上要做到学生简单内容自学，不干扰；较难问题互学，不干预；特难问题教学，要讲透。教师讲解时间一般不多于学生自主学习时间。其次，需要老师们在大集体备课后，结合自身特点进行二次备课，融入自己独特的设计和理解。如果再升华一点，这样的课堂也可以叫作"三生"课堂：生本、生成、生命。课堂以学生为本，知识由学生生成，提升核心素养，涵养生命。

下篇

行之所至

对纪律的探讨

晚三是班会课，我想重申一下纪律问题。我是这样展开的：同学们，我们的教室在老教学楼三楼，我从办公室到教室，看到走廊的护栏，有这样的感受：钢筋混凝土的护栏不好看，影响我们的视线和观感，当然也限制了我们的自由。那为什么非得装上护栏呢？不装不行吗？同学们当然懂得，它存在的意义是保护我们的生命安全。我们的校规校纪、国法国纪，就像走廊的护栏。假如我们把纪律的护栏去掉，会出现什么后果？以允许带饭到教室和宿舍为例，引导学生积极讨论。最终的结果是教室和宿舍气味难闻、苍蝇成群，学习生活环境恶化，病毒肆虐。同学们都肯定了纪律存在的意义。

我们继续探讨敏感的纪律三大红线：非正常交往问题、手机入校问题和夜不归宿问题。对于手机入校和夜不归宿的危害，大家都非常认同，接受并遵照校规，但对于男女生交往问题有不同的声音。我发表了个人观点，给男女生正常交往和非正常交往做了界定：广泛的男女生交往是正常的，单一的男女生交往不合适。青少年学生正处在心智和三观没有成熟的年纪，应该广泛接触同龄人，提高待人接物和处理各种关系的能力。如果过早地把自己关闭在一个相对狭窄的关系里，就丧失了这种机会。步入成年以后，不仅要维护爱情，还要处理好亲情、友情和各种社会关系，没有经验累积，问题处理起来就不那么得心应手，处理不当就会带来新问题。这个年龄被异性吸引是很正常的，但是理性的做法应该是这样的：你可以喜欢小明的聪明，但不能喜欢聪明的小明；你可以喜欢小刚的坚强，但不能喜欢坚强的小刚；你可以喜欢小红的懂事，但不能喜欢懂事的小红；你可以喜欢小花的美丽，但不能喜欢美丽的小花。

　　这节班会，没有任何渲染，却收到了比较好的效果，只要把道理讲透，学生是能够接受的。

下篇　行之所至

人生怎能统计

统计是通过现象对事物发展趋势的预知，有着化繁为简、科学预判的作用。管子曾说："不明于计数，而欲举大事，犹无舟楫而欲经于水险也。"意思是说："在不清楚相关数据的情况下想做大事，无异于没有桨的船航行于大海。"可见掌握数据的重要性。比如，结婚宴请宾客，如果没有掌握来客人数，就有可能造成浪费或失礼。再如，收入要量入为出，否则生活将陷入困境。

中国人自古就有统计意识。统计中蕴含着为人处世的道理，对我们的人生很具有启发性。

抽样的随机性，要做到每个个体被抽取的可能性相同，体现公平性，亦有见微知著之功效，但也难免以偏概全。其中难免有运气的成分，遂生尽人事听天命之感。

平均值，代表一个群体特性的集中趋势，含有适中之意，就像人之行为，应以中庸为法则，既不过分自我膨胀，也不过分自我矮化，不偏不倚，适中而行，"温、良、恭、俭、让"。

正态分布，随处可见。它告诉我们极好的和极坏的都极少见，不好不坏的极多，此为常态。人生不卑不亢，自然而然，道法自然。

总之，统计学告诉我们，中庸之道为人，谨小慎微行事，公平精神处事，圆通态度求实，崇尚自然为法。

数学与认知

作为数学老师，我总是喜欢从数学的视角来看待问题。向量学完了，说一说向量对我们认知的启示。

小学的时候，最开始学的是正整数1，2，3，4，5；然后是负整数-3，-2，-1；然后是有理数，包括整数和分数。在学习分数之前，数字在我们的认知中是离散的，是一个一个的点，而有了分数，数字就开始变得连续了。这就像在生活中，一开始你看事情，看的是对和错、大和小。而慢慢地，你认识到世界其实并没有这么简单，你看事情开始有了灰度。

有理数之后，我们又学了无理数。无理数是无限不循环的小数，你找不到任何规律。这会让你认识到，在这个世界上，有些事情就是复杂到无法有规律的。你得承认它的客观存在，承认这个世界的复杂性。

我们不断深入学习各种数，其实就是在一步一步地理解世界的复杂。

再往复杂里说，数这个东西，除了大小，其实还有一个非常重要的属性：方向。在数学上，我们把有方向的数字叫作向量。数字，其实是有方向的。这个认识对我们的生活很有用。

有一则俄国寓言故事：

有一次，天鹅、大虾和梭鱼想把一辆大车拖着跑。它们都给自己上了套，拼命地拉呀，拉呀，大车却一步也动不了。车子虽说不算重，可天鹅伸着脖子要向云里钻，大虾弓着腰使劲往后靠，梭鱼一心想朝水里跳。

这就像做事情，合作的时候，都往一个方向使劲，形成合力。如果劲不往一个方向使，反而互相牵制，还不如一个人做事效果好。

另外，多人做同一件事情，有的人想往东走，有的人想往西走，有的人想往北走，而大家并不知道哪个方向是正确的。这时，想要的不是合力的大小，而是方向的相对正确性。

数的大小告诉我们，有一种遗憾，叫没有尽力而为；数的方向告诉我们，有一种悲哀，是缘木求鱼，甚至南辕北辙。

人生几何

学习立体几何，对众多女生而言，是一种挑战。"对酒当歌，人生几何？"尝试解读几何中蕴含的哲理，期待给学生以激励。

启示一：降维打击

我们学习任何知识的过程，都需要把不熟悉的转化为熟悉的。论证线面关系时，经常进行线面到线线的转化，把空间问题转化成平面问题，进行降维打击。

联想刘慈欣在《三体》中讲道："毁灭你，与你何干？"感受在绝对实力面前的无奈。"给岁月以文明，而不是给文明以岁月"，启迪我们要把握好每一天，要活得精彩。"弱小和无知不是生存的障碍，傲慢才是。"人类的发展就是从无知开始，怀着好奇心，一点一点变得强大起来。如果不承认自己的无知，盲目自大，就会裹足不前，甚至被毁灭。

启示二：公理化体系

几何还给我们呈现一种公理化体系，不管是国际关系还是大小团体，要取得有效对话必须有基本的共识，否则所有的衍化结果都是无效的。我们学校的工作理念是"以德立校，全面育人，以实绩论英雄"，基本点就是以实绩论英雄，我们所有的评价考核、绩效、荣誉分配，都必须遵循这个原则，否则将立足不稳。我们的班规也必须以人人平等为原则，否则就难以实施。

启示三：几何人生

点代表渺小，就像人对于宇宙，不过一粒尘埃；直线代表捷径，两点之间线段最短；曲线如人生之起起伏伏，仍不断向前。虽然人生有时会像弧形

59

一样存在缺憾，但我们应该像圆一样变通，像正方形一样正直，像三角形一样稳健，像圆锥形一样积极向上，这样就可以在梯形的舞台上绽放异彩。

附：

"点"的自述

我是一个"点"，

曾经为自己的渺小而难堪，

对着庞大的宏观世界，

只有闭上失望的双眼。

经过一位数学教师的启发，

我有了新的发现：

两个"点"可以确定一条线；

三个"点"能构成一个三角形；

无数个"点"能构成圆的"金环"。

我也有自己的半径和圆心。

不信，从月球看地球，

也是宇宙间渺小的雀斑。

我欣喜，我狂欢。

谁没有自己的位置？

不！你的价值在闪光，

只是，你还没有发现。

《心理营养》读后感

2018年1月23日

学习教育名家魏书生，用日记的形式记录生活和教学。

阅读林文采的《心理营养》一书，我才知道我家孩子玉澄属于乐天型。乐天型孩子的特点是敏感好动，享受当下，乐于助人，期待关注。反思孩子平时表现种种，才知道是天性使然。古人云：三岁看大，七岁看老。从林博士的著作中真正明白了所以然。0~3个月的孩子需要父母无条件地接纳，他们的哭就是需求。孩子需要确认在父母的生命中他是最重要的，4个月到3岁是孩子安全感的体验，安全感吸收得越多，孩子就越能同父母分离。2岁的孩子挣扎着要成为一个独立的人，心理学上称为第一反抗期。在孩子内心深处想成为一个独立的人，他们这时最多的手势是不要。4~5岁的孩子最需要的是肯定、赞美、认同，他能从中获得自信。6~7岁的孩子需要父母成为他的学习认知模范。从中看出，孩子7岁前已经完成了各种成长。反观玉澄的成长经历，我们欠缺了太多。该有父母陪伴的日子，被送到了爷爷奶奶身边；没有任何征兆地断奶，没有给孩子点滴适应的机会；带回来的几年时间里，自负的虚荣心作怪，总是感觉孩子方方面面都不尽如人意；攀比导致情绪暴躁，一次次伤害了孩子幼小的心灵；在需要肯定的日子里，我们给予的是嘲笑、讽刺、挖苦；在需要榜样的日子里，我们却处处为难孩子。学校里得不到老师的认可，家里得不到父母的肯定，孩子的心没有归属，一直飘零在外。

"亲子关系先于教育。"这句话我最有触动。特别是乐天型的孩子，他们愿意为自己关系好的人放弃一切。之前我的种种做法是多么背道而驰。在我不停吼叫的训斥里，孩子已经不以为然。我们的大吼大叫成了独角戏，而且愈吼愈兴奋。想想多么的愚蠢。温和的语言才能有效沟通，坚定的态度才能帮助孩子更好地成长。情绪化只能落个孩子对你视而不见、充耳不闻。这到底是谁的错，显而易见。我们要养花，却不了解花性，根据自己的喜好盲目施肥浇水，花儿会死的。多么可怕！好多家庭的悲剧都是因为无知造成的。中国的父母门槛太低，不用任何准备就能上岗。等到一个生命歪歪扭扭地长大，出现问题了，才开始抓耳挠腮，一切为时已晚。我觉得林博士一句，晚来总比不来好，点醒了多少迷途的父母。希望我能在有限的时间里耐心地陪伴孩子，用我的一片真诚营造良好的亲子关系，以弥补曾经的过失。

过去的，不再后悔，陪伴孩子，给他以足够的心理营养，我已经在路上。

今天期末考试

2018年1月24日

2015级高三的期末考试来了，我得以空闲，能够有充足的时间来慢慢品味《心理营养》这本书。对于激进气质和冷静气质，我也仔细地进行了琢磨。我们平时总说，人家谁谁谁的孩子不用管，成绩也是杠杠的，用以表达自己的无奈。读完该书我得出了答案。其实每个孩子都是独一无二的，他们真的就是先天气质大不相同。有的孩子生下来就沉静，喜欢思考和读书。有的孩子天生好动，稳不住心神。有的孩子天生倔强，不达目标誓不罢休。有的孩子郁郁寡欢，以独处为快乐。我们观察周围的孩子，真是一个人一个模样。有的家长注意了引导，使得孩子的优长更突出；有的孩子恰好处在了适合生存的环境，得以茁壮生长；有的孩子却是生不逢时，环境与他格格不入，总是得不到施展，内心聚积不良情绪，影响成长。总体看来，为人父母缺少基本的育儿知识，只养不育的居多。

我分析了身边的孩子。涵涵（侄女）是个冷静型的孩子。家庭的变故加剧了孩子的不善表达，但是，好在冷静型的孩子对家庭环境的敏感度没有那么高，所以比较好养育。孩子没有走上极端的道路，这也是不幸中的万幸。但看一下她的妈妈，我的担心就严重了。她天生不喜欢表达感受，亲密伴侣常常会有一种面对木头人的感觉。所以，不管涵涵能否成才，未来家庭幸福都是个问题。作为家长，不要再为一些小细节打压孩子了，应该营造一个安全表达的环境，鼓励孩子尝试表达，为将来的幸福奠基。

从中我也反思，对于家庭的变故，到底是谁的责任，这个事真的不能归罪于某一个人。芸芸众生中，能走在一起就是缘分，应该彼此包容。承认你我的不完美，接纳彼此的缺点，家庭才能少生是非。和谐的家庭从来不是三观相合，而是不争对错。男人应该有更大的格局，无论如何，家庭出现变故都是一种不可挽回的失败，其损失不可估量。

乐天型的孩子乐于表达，这点倒是我们感到欣慰的地方。我的设想是，尽自己所能给孩子充足的心理营养，建立良好的亲子关系。不求功成名就，但求阳光快乐。随着孩子内心的强大，自信的回归，自我价值的实现必将成为内需。自我管理下的成长一定会生机勃勃。每个孩子的花期不同，我始终相信我的孩子大器晚成。

我静静地看着孩子离开，我要让孩子感受到在我的眼里他是最重要的。孩子回身给我打了招呼，那一刻，我们彼此温暖着。温和的语言、欣赏的目光将是我对孩子最好的爱的表达。我们必须坚信，温和的家长才能带出有教养的孩子。

我们的日子淡如水，任何物质的东西都会随时间流逝而贬值，唯有用心经营的亲情才可以历久弥香。希望我记录亲情的文字温暖我的家人。款款深情诉诸笔端，让爱不曾远离。道不远人，相信天道酬勤。

午休的时候，孩子着迷于一本玄幻小说。我对他说大多数人认为少年时尽量少看玄幻小说，不利于专注力的培养，容易走神，多看一些科普类或传记类书籍，丰富知识，建立正确的价值观。孩子坚持看最后一天，我没再劝说，默认了他的选择。可是，转眼间孩子放下了玄幻书，不看了。我忽然觉得等一等真是一个好办法，让我们的劝说语飞一会儿，给孩子抉择的时间，他会做出正确的选择，这比强制性的做法好多了。教育就是慢的艺术，不能急。

每天中午我们约定12：44睡觉，我在手机上定了闹钟。闹钟一响，我温和地告诉孩子，到睡觉的时间了。孩子也不拖拉，立即做出脱衣服的动作。这让我想起小学时学过的一则寓言故事《北风和南风》：南风和北风比试，看谁能把行人的大衣脱掉。北风首先发威，行人为了抵御寒风的侵袭，把大衣裹得紧紧的；南风徐徐吹拂，行人顿觉身暖衣厚，继而脱掉了衣服。这则寓言向我们昭示了教育方法对结果的重要作用。声色俱厉远不如春风化雨效果好。

13：25，闹钟响了。我一再提醒孩子，时间到了，语言温和而坚定。我不再像以前那样粗暴地掀掉孩子的被子，因为我知道，孩子自己心里有数。孩子走后，我躺在床上，想着乐呵呵的孩子，真的感到很愧疚。孩子拥有巨大的包容心，我们曾经那么离谱地折磨他，他竟然都能抛之脑后。我们还有什么理由不能耐心一点，真诚地等一等孩子。让他回归本真的自己，自然而然地成长。

用心观察孩子，真是很有意思的事情，好在还不晚。

如何做一个好父母

2018年1月25日

　　如何做一个好父母？这是一个不好回答的难题。林文采博士却准确地给出了答案。如果一个人能够成为自己的好父母，就能成为孩子的好父母。所谓自己的好父母，就是对自己温和而坚持。当自己遇到挫折的时候，能够接纳和安慰自己；当自己想要放弃的时候，能够坚定地对自己说不。这些话深深地打动了我，我们经常埋怨孩子怎样怎样，却不去反思自己的生活状态。孩子只是父母的影子，我们不能管理好自己，就不能指望孩子比自己出色。

　　成人的世界，所谓管理自己就是控制贪婪的欲望。我们总是希望付出的少，获得的多。"身后有余忘缩手，眼前无路想回头"，这是曹雪芹借甄士隐梦游太虚境，告诫世人的真理。而欲望更是应该控制、适度，是衡量一个人管理自己的标准，经常反思自己，进而控制好自己的欲望。只有管理好自己，才能体会改变的难度，才能做到对自己、对孩子温和而坚持。

　　昨天晚上，孩子悄悄地藏了几本玄幻小说，打算父母离开后自己偷看，不幸被我发现了。我从他的枕头底下找出来，没有训斥，只是平和地告诉他，他答应我这一周不看的。我觉得没有必要在这件事上纠缠，因为孩子喜欢天马行空的小说本身就是很正常的事情，只是我们觉得看一些思想丰富的书更有意义。强迫孩子干自己没有兴趣的事，意义能有多大。成长是一个非常复杂的过程，仅以成绩作为衡量的标准，过于急功近利。教育孩子就是牵着一只蜗牛散步。家长的焦虑只是成人认知层面的忧患，孩子却毫无感觉，而这种感觉又是无法对等传递的。我们只能依靠包容的力量，让孩子一点一点感悟父母的良苦用心。懂事的孩子迟早会有觉悟，我们必须相信这一点。温和、坚持在这里体现得比较直观，等一等孩子，因为自我认知的效果才是持久有效的。

想想自己，也有过自暴自弃。高考前的各种打击，导致我迷失了自己。失利的发挥，不尽如人意的录取，家长的不理解，理想的破灭，各种不如意一块儿涌来，我懊恼至极，旷课、酗酒，放荡不羁。读书成了我唯一发泄的途径，从解读人性的书籍看起。《穆斯林的葬礼》压抑得我喘不过气来。直到后来读了路遥的《平凡的世界》，我的思想才有所转变，内心才照进了阳光。路遥让我理解了父母，懂得了人生拼搏的意义。我从此"改邪归正"，积极进取。好的书籍可以改变人的思想。一个人，思想抛锚很正常，关键在于怎样调整到正常的轨道上来。读有思想的书籍是一个很好的途径，我希望孩子能够尽快调整自己的书籍类型，让拼搏进取成为人生的主旋律。但是，不能急。我们应该结合孩子的喜好，有意识地选择适合的书籍放在孩子身边供其选择。用心的父母可以在不急不躁中帮助孩子自然而然地实现转换。

《怎样做父亲》这本书告诉我，要做一个理解型的父亲。常言说，知子莫若父。其实并非如此，真正走入孩子内心的父亲并不多。专家建议，父亲要做一个冷静的观察者，结合自己的直觉和智慧去理解孩子，去欣赏孩子独特的个性；做一个全神贯注的听众，在和孩子相处的每一天里，时刻做好准备，去聆听他们的思想、感觉和记忆。根据自己对孩子的了解，及时处理孩子成长过程中出现的各种状况。用笔记录问题的症状，用心寻求合理的解决办法。

传统的父亲总是一脸严肃，他们总是用责备来表达自己对孩子的爱。不苟言笑的父亲使孩子感到畏惧，导致孩子也会隐藏自己的感情。《我是演说家》中的"中国式父亲"感动了很多人，让我们难过的是这种父爱总是等到人生尽头才会被孩子理解，多么可悲！我的父亲啊，既然你要把全部的爱都给我，为什么不能说声你爱我？中国式父亲的爱是含蓄的爱，等到孩子成了父亲才能体会，这已经不能适应当前社会的快节奏了。所以，爱孩子，就要直白地告诉他。我要用父亲特有的温柔去浇灌孩子的心灵，摒弃传统父亲的严厉，避免将父子变成最熟悉的陌生人。

《让孩子觉得自己是幸运的人》是一则育儿故事，故事中贫穷的家庭不能给孩子一辆自行车，孩子跟爸爸要了2块钱去摇转轮以赢得自行车。第一次，孩子没有赢得自行车，灰心丧气，觉得自己是这个世界上最不幸的人。父亲看在眼里，又给了孩子2块钱让他重新摇一次。孩子成功地赢得了自行车，高兴地呼喊自己是这个世界上最幸运的人，觉得任何困难都难不倒自己。带着这种必胜的意念，他成功地获得了不薄的资产。父亲临终时告诉儿子，其实那辆自行车是父亲借钱买的，为此，父亲付出了10年的心血去偿还。这个智慧的父亲用善意的欺骗将孩子从不幸中解救出来，让孩子成为最幸运的人。

根据皮格马利翁效应，期待可以激发内在潜能。我们应当以积极的态度激励孩子，在精神上鼓励他前进。教育是一种信念的延续，要永远对孩子的成长抱有希望。美国的教研工作者做过一个实验，从一所小学通过测试选出一部分孩子，告诉老师这些孩子是有天赋的，他们的未来很出色。当然这是一种欺骗。但是，老师们却因为知道这些孩子将来有出息而倍加关注，结果一段时间过去，被标记有出息的孩子的成绩都有了明显的提高。孩子分为四种类型，但是每种类型的孩子都希望被关注，都希望得到肯定。赏识是一种激励，是信任的力量。

今天放假啦

2018年1月26日

一、感慨

难得的假期，早上我依然早起，我要下楼给孩子买早饭。楼道的风口，冷风袭来，顿感寒意。大街上疾行的学生呼呼而过，上学读书真是一件不容易的事情。

我开车送孩子上学。我在车里等了好长时间，孩子才慢悠悠地从楼上下来。等孩子上车，我直接告诉孩子，爸爸等的时间有点长，你不会迟到吧。孩子看了一下时间，说了句应该没问题。我说，那我就放心了，我可不愿意孩子因迟到受罚。如果你能效率高一些，不让爸爸空等，我心里会更暖和些。儿子坚定地说会的。儿子下车，我目送他走入校门。他转身跟我摆手告别，嘱咐我说，中午不用来接了，自己骑自行车回去。我觉得我们父子之间的感情在升温。

那段深有感悟的话萦绕耳边，所谓父女、母子一场，只不过意味着你和他的缘分就是今生今世不断地在目送他的背影渐行渐远。你站立在小路的这一端，看着他逐渐消失在小路转弯的地方，而且，他用背影告诉你：不必追。我的儿子却没有让我失望。因为我们父子连心，他能感受到背后有一双关注他的眼睛。我也希望随着我们感情的升温，孩子能从我的眼中读出深深隐藏的期待。孩子，我要求你读书用功，不是因为我要你跟别人比成绩，而是因为我希望你将来拥有选择的权利，选择有意义、有时间的工作，而不是

69

被迫谋生。当你的工作在你心中有意义，你就有成就感。当你的工作给你时间，不剥夺你的生活，你就有尊严。成就感和尊严，给你快乐。

世间所有的爱都指向相聚，唯独父母的爱指向别离。一部最能体现现代教育家庭的电视剧《小别离》，父亲一角儿一定能让你看到飙泪。特别是那令人心酸的片段，每每回看我都会泪流满面。你一把屎一把尿地把孩子养大，长长长长，突然有一天，咣一关门，说你别管我，所有的委屈都会涌上心头。

为了避免自己伤心，现将纪伯伦的一首诗《论孩子》放在这里，暂做预留。

你们的孩子，都不是你们的孩子，

乃是"生命"为自己所渴望的儿女。

他们是借你们而来，却不是从你们而来，

他们虽和你们同在，却不属于你们。

你们可以给他们以爱，却不可以给他们以思想，

因为他们有自己的思想。

你们可以荫庇他们的身体，却不能荫庇他们的灵魂，

因为他们的灵魂，是住在"明日"的宅中，

那是你们在梦中也不能想见的。

你们可以努力去模仿他们，却不能使他们来像你们，

因为生命是不倒行的，也不与"昨日"一同停留。

你们是弓，你们的孩子是从弦上发出的生命的箭矢。

那射者在无穷之中看定了目标，

也用神力将你们引满，

使他的箭矢迅速而遥远地射了出去。

让你们在射者手中的"弯曲"成为喜乐吧；

因为他爱那飞出的箭，也爱那静止的弓。

二、收获

《怎样做父亲》告诉我怎样倾听孩子。当孩子有倾诉需要的时候，父母无论在干什么，一定要停下手头的工作，面向孩子，凝视孩子的双眼倾听，听他表达的细节，听他内心的声音。不要理会对错，重点关注孩子的感受，处理孩子的情绪。这样就能建立孩子的自我印象和自我价值。如果我们急于纠正孩子的行为，忽略孩子的感受，就忽略了这个人的存在，孩子情绪就会很沮丧，教育效果就会打折。我觉得，在家庭教育中遵循的首要原则就是先情后理。

《怎样做父亲》告诉我如何看待孩子的破坏性。孩子的破坏行为在心理学上分为两种：无意破坏和有意破坏。无意破坏是生理原因造成的，由于孩子发育还不成熟，判断力、注意力和控制力都还较弱，有些行为不像成人那样得心应手。有意破坏是孩子想了解事物的真相。比如，拆解玩具、小家电等。所以，不管是有意破坏还是无意破坏，我们都要理解孩子，他们的出发点都是好的。我家玉澄喜欢在厨房里活动，十几岁了，端碗还不能很好地完成。现在想想，孩子想为家长分忧，出发点是好的，只是自己的平衡能力还没达到成人的高度，晃来晃去，碗里的粥就会洒到地上。现在我理解了，再出现洒粥的情况，我们就不会责备孩子了，而是更多地关心孩子的安全。

三、感悟

今天中午，孩子睡过了头，下午迟到了。每天中午，我都几次三番地叫，说实话，确实有点不耐心，但是，我知道自己应该温和而坚定，所以一直是心平气和的态度。今天一不留神睡过了几分钟，我没有责怪孩子，也没有责怪自己。我觉得任何带有情绪的做法都是不理智的，对已经发生的事情，我们要有接纳的态度，这是林文采对我最大的影响。

上午，孩子的妈妈告诉我，本周孩子在学校的表现不如上周好，是不是因为我的温和态度给孩子减轻了压力。我想，应该有一点这方面的原因。物理学上有一种"熵"的原理，就是所谓的热力学第二定律。它是指在一个封闭的系统里，物质和能量在形式上的转化是一种不可逆转的转化过程，能量总是从高的地方流向低的地方，系统从有序变为无序。简单地说，就是人都有惰性，自然的转化是由勤到懒。如果要逆转的话，必须有外力干预。所以，必要的压力一定要有。温和是一种不急不躁的态度，利于合理解决问题；坚持也是一种态度，是对制度落实的执行力。民主必须在法治的框架内，否则就混乱不堪。我们的态度必须始终如一，朝令夕改会导致父母失去威严。

《遇见孩子，就是遇见更好的自己》告诉我们，我们之所以成为父母，不是要我们去书写孩子的人生，而是为了净化我们自己的心灵，让我们彻头彻尾地改变自己，我们才能有机会进步、长大和成熟。教育孩子是一种修行，我们在与孩子相处的过程中，把自己最好的状态展现给孩子，我们必须始终保持积极进取；为了提高自律，我们依据约定坚守承诺，做个诚实守信的人；不管遇到怎样的糟糕状况，我们都要管理好自己的情绪。这种相守是一种考验，想开了就是人生的历练，想不开就成了一种灾难。世上本没有平白无故的幸运，只是我们不知道他们背后付出多少努力。我们不去羡慕任何人，不去在乎任何人，我们只有做好自己。为孩子，不管多大困难，多少委屈，我们都要责无旁贷地承担，这是我们该有的历练。

如何与他人相处

2018年1月27日

一、"和"以"包容"为贵

昨晚，我们一家人先在篮球场进行了20分钟投篮，又在教工活动室打了1个多小时的乒乓球。篮球是孩子的长项，我只负责捡球和及时喝彩。孩子对乒乓球只是小时候接触了几天，但孩子运动天赋很好，很短的时间就能运用自如，和我进行了多回合的对打。这个过程，我深感教练的重要性。我的水平还行，能准确地指导孩子动作，很好地控制球的落点，让孩子打起来很舒服；不管来球多么刁钻，我总会回到对方舒服的位置上，制造了好多精彩的对打，孩子兴趣盎然。教育上讲：老师给学生一杯水，自己得有一桶水。你站得越高，你对孩子越了解，你的指导就越有针对性。随着信息时代的到来，我们应该与时俱进，不断学习更新，让自己的知识之水犹如潺潺的溪流。

早上，孩子起床，几分钟就穿好了衣服。这个当儿，孩子姥爷说了句，让他多睡一会儿吧，我不置可否。在教育孩子这件事情上，老人多多少少会有疼惜的成分，年龄、阅历使然。这件事没有对错，哪怕你不同意老人的观点，也不要曲解了老人的善良。儿女四十而不惑，不要让老人以六十耳顺成为自嘲式的挡箭牌。顺耳才是儿女与老人应有的交流方式。对于老人的生活习惯问题，我们应该采取包容的态度，因为他们几十年固有的习惯不可能想改就能改。当我们感到不舒服时，应该更多地从感恩的角度考虑，他们的到

73

来不是为了自己改善生活，而是想尽自己所能替忙碌的儿女分担一些，生活习惯不是说改就能改的，理解万岁。

二、相处有度

与孩子相处，度的把握真是一个难题。今晚心情很糟，我实在无法忍受孩子学习的不主动。眼看就要期末考试了，孩子却一点也不紧张，懒散应付不思进取。我压抑着情绪试着看书，失望与焦虑涌上心头，我甚至想把书扔进花盆里。我还是说服了自己，发泄情绪于事无补，我要冷静，我要积极想办法。爱不是我责备孩子的筹码，对孩子的教育我责无旁贷。孩子今天的表现都是我教育不当的结果，我要想办法，我不能放弃。孩子还是缺乏心理营养，孩子还是没有认识到自身的价值。

我了解到导致孩子逆反情绪的原因是今晚答应孩子适当运动的承诺没有实现。我们家长有错在先，孩子赌气也在情理之中。我在心里想好了对策，和孩子进行了一次长谈。

我向孩子道歉，对孩子说："第一，不管什么原因不能兑现承诺就是不对，希望得到你的理解；第二，为了避免再次伤害你，以后我尽量不给承诺，好多始料未及的原因可能导致失信于你。"说完，我问孩子对此有何看法，孩子说很好。这说明孩子对我的说辞是有情绪的，他在应付我。我说："爸爸不是不想给你承诺，只是有时可能真的会失约，希望你对于这种不得不的情况给予理解。"孩子说："可以，我原来也有些承诺没有兑现，我们扯平了，从今天开始，我们可以有承诺，也应该有理解。"孩子很真诚，我又说："我觉得可以继续交流下去。我觉得你妈妈跟你着急，是因为你的效率不高，而时间又很紧迫，担心你的目标不能实现。可是，你是学习的主体，我们再着急也是徒劳，只有你主动，才会有效。"孩子低着头默不作声，我继续说："我们是平等的关系，我希望你能抬头看着我，这样我们的交流才能顺利进行。我理解你，学习其实挺苦的，每天那么多的精力用在学习上，太累了。水往低处流，物理正常的状态都是顺势而为，偷懒是很正常的行为。可是，人得往高处走。因为高处才能看到更美的风景。俞敏洪曾说，每一条河流都有不同的生命曲线，每一条河流都有梦想，那就是奔向大海。我知道孩子你也有梦想，但是梦想不是等来的，坐等只能变为空想。我也知道你现在努力的程度还不够。我们的生命有的时候就像泥沙，慢慢地，你沉淀下去了，你也许不用为了前进而努力了，可是，你却永远见不到阳光了。我希望我的孩子不是泥沙，你应该学习水的精神，在时机不到的时候，不断地冲破障碍，不断地积累能量，等到时机来临的时候，奔腾入海，成就自己的生命。现在的学习就是积累的过程，你积累得越多，就能站得越高，就能看得越远，就能赢得更多的机会，就能实现自己的梦想。"

　　我知道，交流的效果不在于我讲得有多好，而在于孩子能否听进去。显然，孩子还是对我的慷慨陈词有所触动。我始终盯着孩子的眼睛，时刻注意孩子的表情变化。我觉得孩子有点动心了。我告诉孩子说："今天是腊月十一，10天后禹城市第一中学将在全市初三学生中选出500人，直接录取到高一。你能否抓住这个机会？"孩子不置可否。我又说："如果当时你没有休学的话，就该参与这次选拔了，只有10天的时间啊，机会就会悄悄流逝。更让爸爸痛心的是，我要带这一级学生，而这级学生大多是你的同学，这里面却没有你。"

　　孩子说："你不是说要带我吗！"我答道："我说过，可是，你得考上才行啊。我为了你，可以克服一切困难，想办法给你上课。但你必须通过考试。我最伤心的事情是，我带了你一年，你没来。我想教你，却不能教你。我得痛心地带着你的同学们走过高中三年，里面却没有你。孩子，你如果不想让爸爸失望，就必须抓紧这仅有的一年时间。"孩子坚定地点头。我知道孩子一定动心了。我随即说："我们一起努力，用这一年实现我们共同的梦想。我要做你的榜样，一年后，我要把我的处女作交给你，作为我们奋斗的见证，40万字的《和你在一起》送给你。"孩子拿起一本《曾国藩》问："得有这么厚吧？""对。"我说。孩子握着我的手说："我们一起努力。"要睡觉了，孩子从自己房间走过来说："爸爸，我和你一块儿睡吧，否则，我管不住自己半夜看小说。"

　　我觉得教育一个孩子很不容易。天性使然，反复无常。今天，我抓住了孩子的心理，真正交流到孩子的心里去，不管这次励志效果能坚持多久，我想有了开始就是好兆头。我从微信中学到，父亲的格局、母亲的情绪，就是家庭的风水。家庭要想和谐兴旺，首先要走对方向，父亲的格局就决定着家庭的发展方向。父亲肩负着帮助孩子认识世界、了解社会的重任，根据自己走过的路启发引导孩子。大格局的父亲不会斤斤计较，不会浑浑噩噩，对家庭有规划，严格教育孩子，严守教育的底线。母亲的情绪决定一个家庭的温度，决定一个家庭的和谐程度。在家庭生活中，母亲要学会控制情绪，以微笑面对家人，对待爱人、孩子要多加表扬，不要盯着不足不放。

我的小家正在朝着正确的方向阔步前行。我知道前路可能蜿蜒曲折，但我已做好了准备。我要用最好的一面做孩子的榜样，孩子是我的影子，我相信，我能行。

亲子关系

2018年1月28日

一、鼓励教育

今年没怎么下雪，昨晚应该才是真正意义上的一场雪，虽不大，但好在地上已经累积了一层。全球变暖导致气候不大正常，北方少雪，长江以南倒是常见雪飘，以至于南飞过冬的燕子误以为飞错了方向。地球都这么不正常了，孩子状态有所反复也是情理之中的事情。所以，家长一定要理性看待孩子的慵懒表现，他毕竟还是孩子。我们回想自己小时候，换位思考，就能多一些理解。

6：30闹钟响了，正在看书的我抚摸着孩子的头，轻声叫孩子起床，总共耗时5分钟，我耐心地观察孩子挣扎的整个过程，其难度可以理解。记得小时候，我作业完不成，又困得实在难受，于是告诉母亲明天早上早点起床再做。母亲总是欣然答应，第二天准时把我叫醒。在我求学的日子里，母亲睡觉很少，因为那时没有闹钟，她总是一晚上醒好几次才能按照我要求的时间提醒我，而我并不能如约而醒。因为冬日的农村实在太冷，被窝里是最温暖的港湾。母亲就把灯移到我的头前，用准备好的热毛巾为我擦脸，好让我真正清醒。爸爸在另一个被窝里给我报听写，不时地纠正我的握笔姿势。这一幕我竟然记了那么久。我知道，因为贫穷，父母并没有带给我很好的生活环境，但回想童年的岁月，我总是被包裹在爱的温暖里，正是这种滋养，我才变得自信，我才想办法优秀，这不就是父母给我的心理营养吗！

下篇　行之所至

二、写给未来的信

我们班正在搞一个活动，给10年后的自己写一封信。我忽然想到我和孩子应该写一封信给一年后的自己。写给一年后的儿子和我的信内容如下。

儿子，你还好吗！时光飞逝，转眼又是一年，此刻，你正坐在初三（25）班的教室里，积极备战即将到来的中考选拔。你可以利用的时间只有10天。你可能会胸有成竹，因为过去的一年你奋力拼搏，积极赶超，已经跻身年级前列了，完全有实力应对选拔。也可能你在顿足捶胸，后悔自己过去的一年又没有好好地把握自己，蹉跎度日，没有长进。面对机会到来，只能望洋兴叹，眼睁睁地把机会让给别人。孩子，你愿意成为怎样的自己？

我走过你的窗外，看到高高瘦瘦的你，那么帅气，那么精神。你长大了，个头比爸爸还高出一截，嘴边已经冒出毛茸茸的细须，说话瓮声瓮气，你已经是个真正的男子汉了。我不由得感叹，这一年你的变化太大了。话语少了，思想成熟了，懂得管理自己了，知道什么事情是自己应该干的，什么事情是自己不该干的。把学习当成自己的首要任务，有一种不达目标誓不罢休的豪气。我和妈妈偷偷地替你高兴，替你自豪。奶奶听说了也乐得合不拢嘴，她最最疼爱的孙子终于让她放心了。

你也懂得收拾自己的房间了，每天都特别整洁。因为你有自己的梦想，你要为梦想而战，你想成为优秀的自己。你这一年要实现的梦想就是努力成为爸爸的学生，不让司晓彤、尤志成等霸占爸爸三年。因为，你知道，爸爸每天都在期待和亲爱的儿子在一中的教室里会面，让自己的爸爸带领自己度过高中三年。你也知道最最疼爱你的奶奶每天都在祈祷自己的孙子能够学有所成。你每每想到这些，都有足足的动力。你成功地步入一中，才可能考入好的大学。世界那么大，你一定要出去看看。

儿子，千里之行，始于足下。所有美好，都需要做好充足的准备。三百六十天，说长不长，说短不短。奋斗了，那是你成功的起点；蹉跎了，人生再无少年时。我希望你，回首过去的一年，可以自信地拥抱自己，对自己说，我努力了，我不后悔。你可以对最最亲爱的奶奶说，放心吧，您的孙子做到了。

——等你的爸爸

三、建立良好的亲子关系

中午，儿子想到外面玩一会儿。我理解他的想法，这个冬天一直没有下雪，好不容易盼来了一场雪，他想和雪来一场亲近，我同意了。儿子问妈妈可不可以陪着他，因为身体的原因妈妈不能前往。本来我晚上休息得很晚，想午休多睡一会儿。看到孩子的心思那么强烈，我微笑着同意去陪他。孩子很高兴，我也很乐意和孩子一块儿。我知道，放松的时候更容易进行亲子沟通。我载着儿子来到了人民公园，这是孩子始料未及的。我们找了一块空地，孩子用早已备好的工具堆积地上的积雪。一会儿，孩子就弄了一个大球。刚开始打雪仗孩子的雪球就飞了过来，我慌忙迎战，爷俩愉快地玩了十几分钟。孩子欢快的笑声感染了整个公园。我提醒儿子我们该回去了，儿子意犹未尽，但还是爽快地停下来。返回的途中，孩子找了一块空地，迅速地写下了六个大字：杜兴义好爸爸。我差点流下泪来，就因为满足了孩子这点要求，我就成了孩子心中的好爸爸，孩子多么容易满足。我激动之余，迅速按下快门留下了这宝贵的一幕。

建立良好的亲子关系不在于陪伴时间的长短，而在于能否真正走入孩子的内心。他能感受到你对他的理解，他就能站在你的角度理解你。每天总是焦虑，陪伴时间越长，反感就越重，往往事与愿违。

今天，我读了李中莹的《亲子关系全面技巧》第一章第二节，学到了建立良好亲子关系的十个基本要诀。

（1）没有两个人是一样的，父母和孩子是不一样的，你不能要求孩子和你一样，接受孩子的不同之处，他才能接受你对他的看法。

（2）一个人不能控制另一个人，改变自己才有可能推动孩子转变，改变孩子先改变自己。

（3）沟通的意义决定于对方的回应，家长说什么并不重要，孩子能听进

下篇　行之所至

去什么才很重要。

（4）孩子的学习来自家长的行为和情绪，而不是家长的指令，孩子是家长的影子，身教重于言教。

（5）所有行为必有其正面动机，家长一定要弄清楚孩子行为背后的动机。

（6）有更好的方法，定会有人追随，孩子不会拒绝更好的办法。

（7）凡事总有至少三个解决方法。

（8）成长过程是一个学习过程。

（9）应该帮助孩子成长而不是替代孩子成长。

（10）"爱"不可以作为筹码。

教育路上，我们勇往直前

2018年1月29日

天晴了，路很滑，我决定开车送孩子上学。刚行驶到主路上，孩子看了看窗外，对我说："路上并没有结冰啊。"我说："你看着好像和平时一样，但是路面有一层细细的冰，会将摩擦系数降为平时的几分之一。人们必须加倍小心，放慢速度才能驾驭好自行车，爸爸担心你不能适应。爸爸是很愿意送你上学的。""谢谢爸爸，你为我的期末考试保驾护航，这几天都由你送我上学，行吗？""好，我会克服一切困难为你服务。"爷俩的交流很是愉快。

之前，因为亲子关系紧张，我们也让孩子参加过一期心理学老师组织的课程。老师经过测试觉得孩子缺乏安全感，防御心很强，即使在催眠状态下，外人也很难进入他的内心。特别是，父母试探式、功利性很明显的询问，孩子条件反射式的一概回绝，接下来的任何交流都是徒劳。我们一直为此苦恼不已。经过这段时间的尝试，我发现走进孩子内心其实并不是一件难事，只需你平静心绪，给孩子创造愿意倾诉的温馨环境，认真聆听孩子表达的细节，感受孩子内心的声音，并及时真诚地给予抚慰、肯定、鼓励，让孩子感受到父母的温暖、爱护、理解和支持。当然，交流的过程中，我们必须时刻保持警惕，不能冒失地触及孩子的敏感所在，才能保持这种和谐，以待孩子内心丰盈。

在遇到问题的时候，不能被孩子行为的假象所蒙蔽，我们应该揣摩孩子

81

行为背后的动机。孩子的很多做法可能是一种试探，因为父母过去种种过度的反应，孩子和父母的交往也存在顾虑，也在试探自己的一些做法能否得到父母的认可。这时候，就是考验父母的耐力了，一不冷静就会中了孩子的圈套，那样，孩子就会坚定地认为父母的改变不是真心的，而是一种欺骗。一旦孩子出现这种想法，就会回到过去封闭的自己。父母再想走进孩子，要比之前更难。家长应该比孩子更成熟一些，内心平静，对孩子的各种行为宽容以待。不管我们能否理解孩子的当下表现，都要控制好自己的情绪，耐心地等待转机，而不是急急地抛出自己的观点。

高三的期末考试，我部成绩不是很理想。我心里肯定很着急，但我不能着急。之前我已尽力，所以也不必后悔。我忽然觉得应该给学生更多的心理营养，爱和理解能够激发人的潜能。但是人的精力是有限的，我得承认我只是一个极其普通的人。我不得不把更多的精力投放到我的孩子身上，否则我会遗憾终生。也许，我的努力最终没有得到相应的回报，我也可以坦然面对，因为，我已经尽力了。

快要考试了，我不知道孩子会有怎样的表现。为了告诫自己不要情绪冲动，将一篇《一个差生家长的发言稿》文章放在眼前以示警示。

我是个教育工作者，有满脑子的教育理想、教育理论，所以一开始我力图对孩子的学习不干预，坚持不在外边报班，相信自己的教育。结果，我看到孩子的磨磨蹭蹭，经常大脑像断了线一样，长时间愣神，作业常常耗到很晚。于是，终于放弃原来的理念，开始陪学、辅导，从那以后，家里就充斥着呵斥、不满和哭泣。我不能接受这样一个事实，做老师的都知道，不怕你笨，就怕你缺意志力；不怕你学不会，就怕你没有一个紧凑、自我管理的好习惯。失败的情绪容易转化为易躁，黔驴技穷的我也打孩子，有时下手很重。

直到现在，每当回想当年，看自己当年写的文章，还是感觉很对不起孩子，我的孩子也常看我的文章，他知道爸爸的后悔是真的。我对得起他的就是爸爸的坚持，永不放弃的坚韧。

（1）接受孩子的现在，无论怎么样的现在和将来，你都要尽最大的努力去教育他。不是优秀的父母就一定有优秀的孩子，就像平常的父母也一样可能有与众不同的孩子，要不这个人类社会也太不公平了，这个社会的结构也太稳定了。不是所有的好习惯都是父母给的，要不为什么同一父母生的孩子也可能有天壤之别？也不是所有的坏毛病都是因为父母教育不当。

有遗传就会有变异，我们只能接受，但既然这是我们的孩子，我们把他带到这个世界，我们就只能最爱他，给他你能够给的最好的教育。

（2）别把可能的幸福相互折磨成痛苦。也许有这样两种情况都可能是幸福。

如果你的孩子聪明、漂亮、有好习惯、善于自我控制，学习从不让你操心，老师夸你教子有方，你也觉得很有成就，你的确很幸福。

但也可能有另外的情况，记得我读书的时候，我的同伴只能在本村读初中，全村只有我一人考到县里的中学，我的父亲骄傲死了，可是，只有我的妈妈感觉到了她可能的不幸福。当我每周背上煎饼要离开家的时候，她都那样的不舍，抚着我的背说，孩子你学习好，有出息，将来可是要在天边工作，妈见你的时候就少了。

妈妈的这句话不幸一语成谶，妈妈去世的时候，我们没有在她的身边，这不是一种诅咒，这是一种可能。

如果你的孩子没有这么优秀，你要教育，你要反复教育，你要耳鬓厮磨，你跟孩子在一起的时间多，说的话多，我认为所有的天伦就在于在一起，这不是幸福吗？孩子成人之后，彼此亲近的机会就少了，在他未成年的时候，多一点的时间跟自己的孩子在一起，也许就是幸福，千万别像我先前那样，让呵斥和哭泣成为主流声音，把可能的幸福变成彼此的折磨。世界上只有最亲近的人能给最亲近的人伤害，而且很长久。

（3）每个孩子都不一样，我说的是各个方面，孩子做不到有时候不是因为态度，而是因为能力。

没有谁因为孩子身高比不上别人，天天打孩子；没有谁因为孩子跑不过刘翔，天天骂孩子，因为外表的差异看得见。我们承认，升学率与这些无关，学校也不因为这些歧视孩子。但偏偏因为学习你不肯放过你的孩子，你又何苦呢？

看不见的差异也是存在的，要不我们怎么没成为爱因斯坦呢？为孩子的未来努力是应该的，别为孩子的未来太担心，大树可以参天，小草也能成绿。家长朋友们，孩子出现了问题，很可能不是因为态度，就像长不高、跑不快一样，我们只有帮助他进行时间管理，和他一起进行学习生活规划，用表格、用小结帮他，而不是怪他。

（4）问题不要定性，解决事情；道理不要多讲，孩子需要具体的帮助；不要空谈方法，一切技巧都是在做一个个具体的事情、具体的题目的过程中积累的。

这一点，其实大家都知道，孩子已经知道太多，并不是他不认可这些道理，只是他做不到，道理已经没有震撼和说服力，只能转化为反感，其实他们需要具体的帮助，就像我前边做的那样。

我特别想说一句，孩子们报的辅导班，有没有效，是不是要想想？我是觉得如果他在学校都听不进去，他能在外边听进去吗？而且，一周一次，间隔太长，内容自成体系，跟学校老师的内容不一致，得不到巩固，不如把每天的作业处理好，跟老师的教学同步，而且相互巩固。当然，没有任何一个方法适合所有的孩子。

（5）教育立竿见影是神话，我宁愿相信我的孩子大器晚成。

对孩子的教育和帮助，我做好了进展缓慢的准备，做好了一直不见效的准备，没有办法，就是因为他是我的孩子。

当父亲越久，当老师越久，越觉得对于教育我几乎没有入门，这根本就不是谦虚，真是这样。

尽管我准备好了坚持，但我依然不知道什么时候见效，也许我努力的时候见不到效果，也许某一时刻我没有准备的时候孩子忽然成长，即使他成长了，我也不能贪天之功，感觉是自己的成功，影响生命的因素有多少，谁能说得清呢？

但我要坚持，就像人的身高一样发育有早晚，说不定智商、情商也如此，我宁愿相信，我的孩子大器晚成。

对老人，我们常说，树欲静而风不止，子欲养而亲不待。那是遗憾。

对孩子，如果我轻言放弃，万一将来孩子的人生不如意，我会内疚和后悔，在他最需要的时候，我没有帮助他。

下篇　行之所至

期末总结

2018年1月30日

期末考试结束，成绩揭晓。我部整体成绩在意料之中，但细节处却出现很多意外。文科大面积下滑，年级整体下滑36（283到257）人［期中复习班下滑11人（32到21）］，我部下滑8人（90到82）；尖子生全军覆没，原文科前10名有4人，本次最好名次11，理科原180名前有8人，本次只剩3人，且最好名次19；理科整体上升36人，我部上升10人（129到139），未到平均数，有的班级不进反退，值得反思。就级部整体来讲，各部重点上线人数分别是：一部153+70=223；二部170+75=245；三部139+82=221（本数据统计不含复习班）。我们和2部存在明显的差距，特别是理科，我们应该分析自己存在的问题，积极赶超，争取在有限的时间内实现突破。

一、存在的问题

（一）班级管理粗枝大叶

有些班主任感觉学生已经进入高三，学习意识增强了，管理上有些放松。不去深入了解学生，眼光只是停留在班级表面的平静上。学生出现问题得不到老师的指点，任由发展，以至放弃自我，不可收拾。不去关注学生心理，学生缺乏心理营养，自暴自弃，非正常交往等问题频繁出现，甚至造成班内不良风气蔓延。

（二）集体备课流于形式

大集体备课、小集体备课都缺乏深入研究。我们老师必须承认对知识的把握和理解还很不到位。学生做过的套题，我们单凭个人的力量重点还不能挖掘到位。一味盲目重复，导致时间效率低下。

（三）定时训练严重打折

讲义收发都缺乏严格要求和监督，导致学生不重视。平时做题没有时间观念，走上考场就会紧张，不利于正常发挥。

（四）心理疏导没有跟进

高三紧张的节奏导致很多学生出现程度不同的心理问题，严重者甚至放弃考试和学业，有这种情况的学生各班人数触目惊心。还有感冒发烧者，因为耽误几节课，心理上产生畏难情绪，斗志减弱。没有生病的学生，因为周围出现大量空位，心理上也会放松。所有上述现象，都没有引起我们足够的重视。

二、解决办法

（一）班主任加强盯班

特别是晚四和周末，细观察，勤调查，常交流，发现问题及时解决。对存在问题的班级，班主任有不可推卸的责任。及时处理班级问题，尽快引导班风正常化。抓紧分析班级成绩，针对性地做工作；同时联系家长，家校联合督促学生进步。

（二）备课组深入集体备课

对高考题要深入研究，站在命题的高度辩证地看待每一道高考题，深入挖掘，力争举一反三，提高效率。

（三）规范定时训练

老师们提前到教室，监督学生按要求下发讲义，下课时，老师监督学生收齐带回。对此，级部将加大检查力度。对落实不到位者，视情况通报批评。另外，结合实际，文科学生可以视情况安排背诵。

（四）加强心理疏导，补充心理营养

寒冬腊月，学生起早贪黑，确实很累；学习枯燥单调，心理压力大。我们一方面引入心理辅导，另一方面希望班主任尽自己所能疏导学生心理。少一些挖苦，多一些鼓励。学生信任你，依赖你，你的话语就具有执行力。

（五）利用好假期

请备课组长提前认真安排好假期作业，要求每天的任务明确、具体、合理。一练距离我们只有不到两个月的时间，让我们积极行动起来，抓紧时间分析班级成绩，及时鼓励，及时调动单元老师针对性地做工作。我相信，每个班级都有无限潜力。切实搞好各项落实，利用好有限的时间，力争高考不留遗憾。

人无远虑，必有近忧

2018年2月1日

孩子考完了，心情放松下来，家长的心情并没有放松。随着中考时间的慢慢临近，这种紧迫感就越明显。怎样才能真正调动孩子的学习积极性呢？有什么好办法提高孩子的学习效率，提升信心呢？找老师辅导一下好一些，毕竟孩子还存在很多知识漏洞。最好的办法是针对孩子具体情况量身定制一套方案，将初中的基础知识系统整理一下。这样的辅导是很难找的，因为老师都想批量辅导，那样的收益会高得多。网络教学又缺乏监督和互动，对孩子来说，不能保证效果。真想自己去系统学习，自己给孩子全科辅导，可是时间上又很难调控。难啊，真正难的是，孩子好像对学习仍旧没有兴趣和信心。

人无远虑，必有近忧。凡事多往后想想，辩证地去思考一些问题，就能比较合理地做些准备。而不是事情来了，手忙脚乱，顾左顾不了右。没有方向，没有方法，混沌不堪。我希望自己做一个冷静、智慧的人，在遇到任何困难的时候，都能够从容面对。

看到孩子小时候的视频，内心五味杂陈，感叹时光飞逝，孩子已经由3岁的小毛孩成长为和我一样高的大小伙子了；内心不由得焦虑，眼看就要迎接中考了，孩子还没有准备好。怎么办啊？一味地只是注重心理营养也不是办法。怎样才能激发孩子的内在动力呢？真是急人。

妻子克服种种困难去学习林文采，可见她用心之良苦。为了孩子，我们都在尽自己所能，可是，父母再怎么着急，也代替不了孩子啊。我在想，有没有介绍差生转化的书籍，可以解我之忧。查阅了好多，还是没有适合的。我给孩子写了封信，我觉得孩子是个懂事的孩子，我可以一点一点地渗透，希望能有效果。

亲爱的儿子，这两天，我反复观看你小时候的视频。多么可爱的儿子啊，3岁的你那么快乐。那时我们家刚刚搬到楼上，冬天的你穿上了奶奶做的棉裤，笨重得像个小狗熊。蹦蹦跳跳的，快乐得不得了。爸爸和妈妈很长时间没有见到你了，也很是想念。看到你快乐的样子，我们的心里也是乐开了花。

儿子，你是我们的小天使。你在老家的那段时间里，我和妈妈也是天天想你，每到周末，我们就回家看你。你见到我们也是欢喜得不得了。每当我们分别的时候，你总是哭哭啼啼。我和妈妈心里也很是不舍，好几次妈妈都是流着泪离开的。我现在非常后悔把你送回老家，因为，我们错过了对你最佳的教育机会。

回到我们身边，我们的想法是给你好的教育。可是，不懂得如何教育孩子的我们，没有仔细分析孩子的特点，只是根据孩子的表现，闷头闷脑地着急。在你上学的过程中，因为爸爸的暴躁你受了不少委屈，我真诚地向你道歉。通过这段时间的学习，我已经深刻地认识到自己的错误。爸爸以实际行动对自己曾经的过失忏悔。我想让你生活在温馨和谐的家庭氛围中，阳光快乐地成长。

我甚至想，你只要快乐，学习成绩可以暂时放一放。可是，时间不饶人，眼看你就要面临中考选拔了，我深知你的准备远远没有到位，如果你不能通过考试，就意味着学业的结束。

奶奶是你最亲近的人，奶奶不止一次地给你写信。她内心也有一个强烈的愿望，希望自己的孙子能够成才，考上理想的大学，给奶奶增光添彩。孩子，你一天一天大了，奶奶也一天一天老了，难道你要让奶奶永远带着遗憾吗？爷爷很爱你，每次来我们家都是给你买你爱吃的东西，爷爷也希望看到你成才。爷爷说过多次，对门的两个孙子都上大学了，我的孙子什么时候上大学。

　　儿子，我们知道你是懂事的孩子，你也能理解我们的期待。只是，你的自控力还不是很强，有些贪玩，我们也理解你。但是，时间不等人，孩子，我希望你冷静地想一想，你想要怎样的未来？是整天暴晒在烈日下辛苦地工作，还要忍受工头的谩骂；还是坐在宽敞明亮的办公室里和志同道合的伙伴谈天说地，享受五彩缤纷的生活？你是个聪明的孩子，明白正确的选择。但是，机会不是等来的，我们到了该拼搏的时候。努力，将来的你一定会感激现在拼搏的自己。我们一家人都在等待你的好消息。

下篇　行之所至

教育引发的思考

2018年2月2日

这几天，我一直在思考孩子的教育问题。起始教育很关键，我们错失良机。到底是什么原因导致我们没有去把握那关键的三年？我总结了一下，最根本的原因是穷。我们刚刚参加工作，收入都不高，养育孩子捉襟见肘。如果再多一个看孩子的，维持生计都很难。第二个原因是工作紧张，夫妻双方都是单位的顶梁柱，都顶着非常大的压力。我们每天都努力地工作，就是想多一些收入，赶紧改善生活条件，把孩子接回来。

总的来讲，没有考一个好一点的大学，就没有从根本上解决阶层问题。教室里贴着一条条幅，为你的20岁做准备，将来的你一定感激现在奋斗的自己。这两句话多么深刻，只有当你历经四十不惑，才知道三十而立的意义。虽然也有学历不高的几个人会抓住身边的机会过得很从容，但大数据告诉我们那样的概率太小。

好在孩子还有机会，只要孩子能够认识到学习的重要性，管住自己，把心思转移到学习上来，就能战胜学习上的困难。对于这个问题，我希望既要做好孩子的思想工作，又要制订好计划，有条不紊地执行。落实是硬道理，当孩子的成绩有了进步，自然而然地就会喜欢上学习。

相信每个孩子的内心都是积极向上的，每个人都愿意被表扬，每个人都渴望有存在感。每个人的自制力不同，自我管理也会不同，就像花儿的花期不同。所以，我们不要焦急，要耐心地等待，要给孩子醒悟的时间。

学会放手

2018年2月4日

孩子参加了语文、英语两科老师的家庭辅导并没有反感，每天都很高兴。我也在反思，因为不放心，总是把孩子留在身边，哪怕自己没有精力，也把孩子困在家里。孩子思想上抵触，行为上低效，养成了拖拖拉拉的坏习惯。每个人都有自己的专长，我们应该思考借助外力，而不是非得亲力亲为。我觉得在老师家里一定比在自己家里有更多的收获。适当放手，才能找到更加适合孩子的发展方向和方法。这是我这两天最大的感悟。

工作上也应该这样，该我干的，我努力干好；不该我干的，我也不能越位。丁校长讲，你们为什么累？因为你们干了很多该是班主任的活。想想也真是，就像教育孩子，我们事事替他着想，他就习惯了被人照顾。好像这样思考一下，并不是孩子或下属的错误。

下 篇　行之所至

教育需要鼓励

2018年2月7日

　　孩子一如既往地去老师家补课，每次都有一些突破，这得益于郭老师的耐心引导。郭老师是个理解孩子的老师，可能是因为她家的孩子也是这种类型。我特别感激郭老师，相信孩子在她的教导下能有较大提高。

　　看到孩子每天乐呵呵地去上课，我心里也是很高兴。我也不再去想孩子考试成绩的事情，想晚上和孩子交流一下思想。这时，袁老师在群里公布了成绩，孩子进步了，但是进步幅度不是很大。我觉得只要进步就是好兆头，一来孩子会有好的心情，二来应验了付出就有收获的普遍真理，会增强孩子的信心。孩子很高兴，整个人沉浸在兴奋之中。孩子是乐天型，平时该努力的时候，管不住自己，等到快要出成绩了，又十分担心。

　　我们约定，只要孩子能够很好地完成当天的任务，我们就奖励他半个小时玩手机的时间。根据东北师范大学心理学教授王海英的理论，这应该是孩子内在动力不足，应采用外部强化的手段。根据王教授的说法，我们的奖励不能是一成不变的，必须每天根据完成质量和效率的不同，进行不同量次的奖励，这种变频强化应该更有效果。

　　我们兑现了当初的承诺，根据考试进步幅度的大小，进行不同程度的奖励。这种做法可以提高孩子对我们的信任，理解制度的可执行性。

热闹而沉重的小年

2018年2月8日

今天是小年，大街小巷有好多放炮仗的，年味越来越浓了。随着年龄的增长，我发现过年和原来不一样了，小的时候盼着过年，有好吃的、好玩的；年轻的时候害怕过年，春节走亲访友都是消费，手头紧张；现在过年紧张的不是钱的问题，而是心情。人到四十，考虑问题比原来多了，不像以前回到家里一味地由着自己的性子，想怎样就怎样。现在可不能这样了，父母已经年近七十，我应该懂事了。虽然平时上班很累，但父母也不容易。我应该对他们多一些理解和尊重。

想想自己再过10年，也到了孩子成家的时候，只有平时多积累亲人相处之道，才能合理有度地把握家庭的和谐。想想自己孩子的教育，如果开始做好孩子的早期教育，不至于后来疲惫不堪。凡事预则立，不预则废。我希望妻子能够更多地理解我，在家庭中成为最能够包容我的人。一个人能不能被尊重，不是有多富贵，多突出，而是有多担当，多包容。想想一个和谐的团队，都有一个核心人物，这个人有突出的个人魅力，把大家凝聚在一块。这种魅力不是高超的能力，而是担当和宽容。我作为家庭的老大，总觉得自己应该多付出一些，不为好评不为回报，只为家庭温暖和谐。

这个年还没来，我的心情就开始沉重，我能否做好这件事？

家和万事兴

2018年2月9日

今天，正式放假了，心情特别放松。母亲感冒了，再三劝说下，终于到了诊所输液。这么多年来，我第一次陪着母亲输液。可能是很多时候母亲都是吃点药，熬过去就算了，这次实在是离年太近了，怕自己身体不好耽误事，或者怕传染给孩子们。

和母亲在一起，时间过得很快。弟弟回来了，又黑了很多，身体也不是很舒服，可能是前期症状的后遗症，老是水土不服。一家人，只有在节假日才有短暂的相聚，真是太不容易了。因此我们要相互包容，相互理解，愿我们的大家庭和和美美，家和万事兴。

恢复工作状态

2018年2月21日

　　这个年已经过去了，我在家整整度过了12天，每天都在应酬。好在家里没有电视，亲人间多了很多交流。我们经常在空闲时间围坐在父母身边，长时间地谈论好多家庭问题。今年的招待工作都是由我们完成的。虽然忙碌，但没有工作中的烦心事，倒也其乐融融。

　　回到学校，总想恢复曾经的规律生活。今天终于正式开始上班了，可以像以前一样安排自己的作息了，但是烦恼也来了。工作上和人打交道，避免不了方方面面的协调。协调真是个折磨人的活，还得把工作做通，实在不容易。

　　内心真的有些不愿回来，因为工作压力太大了，和在家温馨的日子相比，真是天差地别。可是，我必须回来，而且要很快地调整状态，尽快进入紧张的备考氛围中，带领老师们2018年创造辉煌成绩。

下篇　行之所至

97

调整状态

2018年3月4日　雨

　　春节过去了，一切又恢复了正常。读书、教学，一切都那么熟悉，又那么陌生。假期的松散在持续，总是不能像春节前一样静心。匆匆地上课，急急地等下课，心不在焉的样子。这样下去真的不行，我在心里提醒自己，我都这样了，我的下属是不是比我还要过分？学生距离高考越来越近，时间不等人！今天是正式开学的第一天，全校都要进入备考状态。（25）班、（26）班就要进行高三的第一次练兵考试，会取得什么样的成绩呢？一切都是未知数。年前的成绩还历历在目，取得德州市第三名，还算说得过去，春节过完，不能因此就放松了，革命尚未成功，各位还需努力啊！我急急地跑到学校，开始一天的工作，希望是个好的开头！

惊 蛰

2018年3月5日　惊蛰

　　惊蛰，古称"启蛰"，是二十四节气中的第三个节气，更是干支历卯月的起始；时间点在公历3月5—6日，太阳到达黄经345°时。《月令七十二候集解》曰："二月节……万物出乎震，震为雷，故曰惊蛰，是蛰虫惊而出走矣。""春雷响，万物长"，惊蛰时节正是大好的"九九"艳阳天，气温回升，雨水增多。除东北、西北地区仍是银装素裹的冬日景象外，我国大部分地区日平均气温已升到0℃以上，华北地区日平均气温为3～6℃，沿江江南地区日平均气温为8℃以上，而西南和华南日平均气温已达10~15℃，早已是一派融融春光了。农谚云："到了惊蛰节，锄头不停歇。"到了惊蛰，中国大部分地区进入春耕大忙季节。真是：季节不等人，一刻值千金。农民忙耕种，我们忙学生，一年之计在于春，努力吧，同志们！

学生的思想工作

2018年3月6日

今天，看到一个学生学习不在状态，我想给他做做思想工作。我把他叫到我的小办公室，这里只有我们两个，相对比较清静，也利于思想交流。孩子比较拘谨，我示意他坐在我的对面。我让他谈谈自己近期的状态。根据孩子的倾诉，我了解到孩子来自农村家庭，对父母的倾心付出非常感恩，只是自己对学习没有太大的动力。用他自己的话说，就是不抵触学习但也不热爱学习，平时有一搭无一搭没心没肺地过日子。这个孩子的智力条件不错，能够把自己的状态表达得如此到位，足以说明他确实很优秀。我给他设计了一个场景：假如你的亲人得了大病，需要大笔费用，你治还是不治？学生承认，不去努力，是因为害怕失败。学生最终认识到学习的重要性，决定为了自己的亲人，努力拼搏。

我觉得，做学生的思想工作，要想有效果，必须先倾听。很多老师在跟学生交流的时候，只是一味地唠叨不停，不是讲自己的经历，就是引经据典摆往年成功的学生例子，并没有真正考虑当前学生本身的特点。工作没有针对性，有效果也只是体现在老师关注着学生；也有的学生并不领情，因为你讲的未必学生喜欢听，学生就会腻烦。我们要学会倾听，在听的过程中，根据学生特点，找准切入口，直击痛处，这样会给学生留下比较深刻的印象，效果会好一些。

奶奶的忌日

2018年3月7日

今天是奶奶去世10周年忌日，我和父亲回家上坟。爸爸坐在车里，讲这几天总是梦到奶奶，我无法确认这个世上到底有没有灵魂，我也不会解释亲人之间的这种通感。我看到爸爸沧桑的面容，只是想，在父母的有生之年，我要好好地照顾他们，他们这一代老人实在太不容易了。在我的记忆中，奶奶是个脾气非常坏的老人，但我的父母却没有计较这些，非常用心地照顾奶奶安度晚年，给我们做了很好的榜样。

我想，我的家也应该有家风、家训。特别是家风是一个家庭的精神传承。借着改革开放的大好机会，经过哥俩的勤奋努力，我家的家境从父辈的一穷二白逐渐有了很大改变。这只是物质方面的提升，家庭中尊老还需要加强。家庭中必须有仪式感，特别是老人的尊严，要儿孙们维护。

下篇 行之所至

101

会的，一定会

2018年3月10日

　　看了房校长今早的发文，很难描述我的内心感受，我能真切地感受到校长对三部的牵挂和期待。希望三部的所有成员都积极行动起来，不为失败找借口，只为成功想办法，通过60天的努力扭转局面。我们不会成为年级的拖累，我们不能做阻碍学校发展的事。我们不会忘记去年暑期前期末考试的辉煌篇章，那是我们三部的胜利果实。

文科重点：

上线人数	实际上线	一部上线合计	二部上线合计	三部上线合计
50	50	12	15	23
200	200	64	64	72

理科重点：

学科	上线人数	实际上线	一部上线合计	二部上线合计	三部上线合计
总分	100	100	27	35	38
总分	350	352	118	119	115

我们是第一！

我们有信心、有能力、有办法在关键时刻打硬仗、打胜仗。最后的60天，是最为关键的60天，是考验我们意志、能力的60天。成功的过去告诉我们，我们能够经得住考验。我们要在最关键的时候取得最辉煌的胜利。笑到最后才是真正的英雄！三部，加油！

下篇 行之所至

教　训

2018年3月11日

　　这次练兵考试，文理科均出现大幅下滑，成绩很不理想。面对这样的成绩，我和老师们都很难受，也很着急，痛定思痛，积极查找原因，寻求突破对策。

　　失利原因主要有三个：①心理上麻痹大意。因为这一届学生历次大型考试成绩都不错，重点上线基本保持在700人以上，所以感觉应该没问题，心理上有些放松。②策略上粗枝大叶。综合科目考试方式的变化没有引起足够的重视，特别是春节这个时段没有利用好，错失了提前适应综合考试时间。③管理上有些松散。节假日期间，学生管理有些放松，作业落实不到位，养成了学生散漫拖沓的坏习惯；弱化了老师的监督，目标生检查落实也不到位。两方面原因导致春节前后备考针对性不强，效率低下。

　　接下来的备考，在丁校长、房校长的指导下，我们已经做好了针对性的改进策略，做好了合理细致的规划。在师生管理方面做了细致要求；在目标生方面责任到人，包干到户；零散时间利用上也做了合理安排和监督，特别是目标生，采用师生捆绑式一对一激励制度；对存在的弱科短板也已经做好了相应的补救措施；备考方向和内容上更是通过大、小集体备课落到了实处。可以说，从高三整个精神面貌来看，已经处于最高战备状态。

我们这一届老师，都是经过大战历练的，2015年高考我们取得了德州市第二名的好成绩。所有老师都是敢打硬仗、能打硬仗的骨干力量。暂时的困难只能更加激励我们的斗志。为了学校荣誉，更是为了自己的尊严，我们一定会全力以赴。请领导放心，2018年高考我们一定不孚众望。

下篇　行之所至

自主时间的较量

2018年3月13日

今天，关于周末时间安排，老师们有不同意见，特别是对于B层班级，老师们担心他们不会利用自主时间，这种安排是一种浪费。我有不同看法：把时间分到学科，老师们只是心理上有安慰，实际上学生学习效率很低，因为现在的学习，没有学生自己的顿悟，就没有成长。我认为当前班主任的责任重大，需要利用各种手段丰盈学生的内心，让他们有成就感和获得感，热爱生活，才能热爱学习。周末时间，班主任的引导很关键。我们不去把时间规定到哪个学科，但是任务必须提前告知学生，晚自习要收齐改错本、反思和笔记，以任务驱动学生自主安排好时间，根据自己各科的掌握情况灵活安排。

作为数学老师，我有一种感觉，如果学生的学习做不到周周清，那么他后续的学习就是建立在错误的基础上，后面所有的努力都是在强化错误，越努力，越离谱，南辕北辙。如果起始阶段学生把问题搞清楚了，弄明白了，哪怕少做几道题，他后面的认识也是正确的，这值得所有老师反思。

我觉得很多老师的专业性还需要加强，在学生价值引领和精神丰盈方面多下一些功夫，而不是仅仅盯在学习上。如田校长所说，心智成长和学业提升是正相关的，只要心智成长了，学习态度就会改变，成绩自然就会提升，这不是靠盯能解决的问题。

自主班会

2018年3月15日

受生本教育的启发，我决定把班会也完全交给学生。昨天班会的效果很好，班长记录如下。

（31）班班会报告：今日的班会形式是班主任做出调整后的第一场班会。首先，班委们集体商讨，定下班会主题是"努力学习，团结进取"。再以游戏"击鼓传花"为基础，其间设置许多问题（如各科知识点和班主任语录），还设置了神秘大奖来吸引同学们的注意力，调动同学们的积极性。此环节体现"学习"，借班会检查了基础知识，巩固了思想认同，大家乐此不疲。

"击鼓传花"的规则是：被传到花的同学要回答问题，如果回答不出，则由同组同学帮忙回答，但不能获得抽奖机会。奖品采取开盲盒的形式，这种神秘感增添了几分刺激，同学们情绪异常热烈。奖惩都由同学们来定，协同作答，此环节体现"团结"。

班委会对班会内容和形式的保密工作做得非常好，增加了同学们的期待。

本次班会效果出奇地好，原因如下。

（1）保密工作做得好，同学们对班会充满期待。

（2）同学们都很友爱，对答不出问题的同学也不为难，惩罚几乎都是才艺展示，不管唱得好坏，大家都报以掌声和欢呼声，给予表演者极大的尊重。

（3）班会氛围轻松，大家乐在其中。在互帮互助中大家感受到集体的温暖，体会到独脚难行、孤掌难鸣。

同学们很期待下一节班会！

提高执行力

2018年3月17日

昨天召开了备课组长会议，强调了以下思想内容。

（1）备课组长要认真传达学校年级精神，坚决杜绝阻碍现象。

（2）强调大、小集体备课，集体备课效果备课组长最清楚，也最知道怎么做才能更好，抓教研的核心就在备课组长，要的是落实和结果。

（3）强调办公纪律，这也依赖备课组长，年级检查只是个由头，长抓不懈仍然依赖备课组长。

（4）要有长远打算，凡事要有提前量，做好规划，认真抓好常规落实会议。

最后解读年级奖惩、荣誉分配原则和年级暖心行动。暖心活动不在价位，而在是否用心。根据老师们反馈，我们满足老师的心愿。相信老师们能够感受到学校的浓浓情意。

下篇 行之所至

班级管理

2018年3月19日

　　早读时间，我转了转所有班级，整体上感觉一楼、二楼、四楼状态都很好，三楼个别班级早读状态不是很好。全体应该学习杨主任的方法，第一个方法让学生到早读好的班级现场感受一下，比叨叨管用；第二个方法就是找带头的，树立榜样。方法总比困难多，要想办法。

　　还有几个班级桌凳布局很不合理，几张桌子直接顶到教室门口，进门就喘不上气来，有种卡脖子的感觉。不是自夸，我们班教室整体感觉就很舒服，第一排桌子距离讲台有一米多，靠门的走廊明显比靠窗的要宽敞，这是故意为之，这样就会有很敞亮的感觉。排与排之间距离要小，一是感觉紧凑；二是学生坐姿不得不挺拔，学生状态好。不像有些班级桌距太大，学生甚至可以趴着听课，松松垮垮不像样子。

　　和班主任交流，我本着一个原则，就是帮扶成长。根据班主任带班的现状，提醒当下应该着手的工作，不要错过时机。早上跟杨帅交流，他是半路接手的（30）班，应该抓紧时间了解每个学生，而不是等靠。跟学生交流也不是泛泛地交流毫无价值的套话，而是跟前任班主任多交流，掌握每个学生的情况，针对性地交流。跟（6）班段友恒交流，班主任工作不是一蹴而就的，要持之以恒地跟踪学生成长，做好计划，做好记录，不能松劲。同时把班级的桌凳布局调整好，让老师们上课的时候感觉到舒服、舒心。跟团队干部交流，以指导为原则。早上的交流给我一个提示，不管多大岁数，成年人和孩子一样，都愿意听好话，不愿意听不足。我提醒自己，不管和谁交流，一定要注意方式方法，既要达到改进的目的，更要让对方感到舒服。

辗转反侧

2018年3月21日

因为定在下周二召开班主任培训会，昨晚我没有睡好，整宿都在考虑怎么组织培训的事，特别是培训内容，思前想后，辗转反侧。好几个晚上都是凌晨醒来，半梦半醒嘟囔着要讲的内容，好在终于都熟记于心了，等着展现自己。

凌晨2点又醒了，这次直接坐到书房里，把自己的所有想法都记录下来，把要讲的内容前后调整了一下，感觉顺畅多了。这次的经验就是要诉诸笔端，否则还会变卦，睡梦里的所有构思就白费了。

数学评课

2018年3月25日

昨天集体备课对赵老师的研究课进行了点评，因为匆忙没有把听课记录带过去，今天对照听课记录把这节课再评价一番。

赵老师工作认真负责、备课非常仔细，每节课的板书设计都特别用心、工工整整，让人看了特别舒服。她写的教案堪称模板，简直就是印刷体。为了这节研究课，我看到赵老师第一天晚上在办公室忙到11点多，第二天早早地就到录播室熟悉操作。赵老师认真的态度应该表扬，但这节课还有很大提升空间，主要问题如下。

（1）概念不清。这节课的教学目标是理解线、面、角的概念，会用几何法和向量法求线、面、角，教学重点是理解线、面、角的概念，也就是说，要搞清楚为什么线、面、角是斜线和射影所组成的角。赵老师在处理这个环节的时候是让学生阅读教材，直接给出了最后的结果：斜线和射影所组成的角就是线、面、角。学生不知道为何这样，没有和其他知识建立联结，这种概念是孤立的，即使当时记住了，也很快就会忘记。我们帮助学生学习，就是要引导他们搞清概念的来龙去脉，搞清新知识和旧知识之间的联系，要帮助学生在原有的认知体系中找到生长点，新知识才能有机地长成。

（2）公式推导过于匆忙。学生回答了公式，就算是推导了公式，这太快了，显然有不少学生还是不清楚公式是怎么来的，这样后面用起来也是查课本。没有真正记到脑子里，后续所有的例题练习，也只能是照着葫芦画葫芦，当节课还行，下节课肯定全部忘光。我们经常感叹，学生记不住东西，老是忘。学生要学好几科，可以理解。能够换位思考的老师，没有一味地责骂学生。可学生是无辜的，整节课上学习就没有真正发生。数学课堂上越是注重做题，这种情况就越明显。

我们老师前期备课的功夫，熟悉知识是基本功，备学情、备教法、备课堂设计，这是我们做好课堂预设的环节。而老师在课堂上的驾驭能力，一是调动学生课堂氛围；二是艺术处理意外生成；三是把控好节奏，当急则急，当缓则缓。重点环节，即使感觉学生可以完全放心了，也要让学生再多看几遍，甚至写上几遍。磨刀不误砍柴工，不要等到后面做题了，再找公式，这样的效果就大打折扣。在观念上我们也要调整，做题是为了巩固概念的理解，课堂核心是先真正理解概念。

（3）点拨不到位。学生展示例题，并不只是对答案，老师要指出问题所在，比如作图不规范、书写不规范、表达不规范、计算有哪些问题，还要总结升华，通过这个题目收获了什么。我们做题不是为做题而做题，展示也不仅仅是为展示而展示，教师的本事就在于说事拉理。问题的解决用到了哪个概念，怎么用的，对我们有什么启示，最后是方法的提炼总结。要谈感受，谈体会，找规律。

另外，每个模块结束，老师要把问题点透，让学生有系统的认知。比如，距离的概念，不能因为课本上只出现了点线距、点面距、线面距，就只讲这几个距离，而是上升到任何两个图形的距离的理解，不管是相离的还是相切的、相交的，都要说到，只不过相交的、相切的距离为零，没有研究的必要，但也是有距离的，这样学生就对整个空间距离有一个统一的认识：两个图形上分别任意取一点的最小距离，即线段的长度。这是对距离本质的理解，是一个概念统领下的系统认识。当然，我们还要总结方法，距离这个模块的解题的思想方法主要是转化，把三维转化为二维，进而转化为一维，实现降维打击。这也是整个数学转化的灵魂，把不熟悉的转化为熟悉的，从而解决问题。这些都是认识上的统一。

我们的课堂要体现学生的主体性，也不能忽略老师的主导性，"导"比"演"要对剧本理解得更深，才能呈现有价值的"导"。

新学期第一节课

2021年9月6日

今天是新学期第一节课，考虑到第一节内容相对比较简单，而且学生假期已经学习过网课，我打算把这节新授课当成复习课来进行。课前我设计了系列问题串，预设是学生能够很好地回答，但是从第一个集合的定义开始就卡壳了。我改变了计划，让学生带着问题去重读教材15分钟，然后我再一一提问。结果课程很顺利，一路进行到下一节的描述法，一个特别不好理解的知识也迎刃而解，并没有卡顿。我从作业和考试中发现，学生的好多错误是因为对数的认知还停留在整数层次，没有上升到实数层次。所以，我在处理特殊集合的表示这个环节的时候，增加了一个环节，就是在数轴上把整数、小数、实数形象地展示出来，让学生直观感受几个数集的不同，对学生认知层次的提升有很好的帮助，收到了事半功倍的效果，这是这节课较之以往做得好的地方。

有一个感受就是，当我们课堂的实际生成和预设有出入的时候，应该调整的是老师，而不是学生，这是对老师驾驭课堂能力的考验，而不是一味地责怪学生，把课堂拖入僵局。

纠错改进

2021年9月7日

　　本节课的重点是集合表示方法中的描述法，上节课已经把基本概念完成了，学生在自习课上也完成了学案上的习题，所以，本节课主要是针对学生的作业进行纠错改进。我采用展台展示的方式，有选择地把学生的问题暴露出来，然后逐一改正。课程进度虽然很慢，但是每个学生在这个过程中都看到了哪些是对的，哪些是错的，起到了很好的纠偏作用。

　　我感觉，接触新知识的时候，学生的认知水平是不一样的，难免出现这样或那样的错误，这些错误都是不可避免的，我们老师不能视为洪水猛兽，而是正常看待，耐心修改，帮助学生调整到正确的道路上来。人非生而知之，接受新事物难免有错误，改正错误就是成功。

　　反思自己讲解得还是稍微多了些，应该留给学生足够的时间，让学生充分表达。这样的课堂，结构肯定不好保证，还是应实事求是，以生为本。

故事化教学

2021年9月9日

今天是下午第一节课，我提前10分钟到校，发现学生都已在积极备战，学生的状态还是非常不错的。课堂上有一些抽象的问题，我想对题目进行多层次的变式，引导学生领会转化思想和数形结合意识。对于刚刚升入高中的学生来说，这是第一次处理抽象问题，我不知道学生能不能处理好，仅仅作为尝试。

处理抽象问题的两种思路，就是把抽象问题具体化和把抽象问题形象化，因为高一学生还没有具体的东西可以具体化，我们只能形象化。没想到，最后的环节会在开根号的地方陷入困境。我讲了一个故事：根号就像看守所，被开方数只有变成完全平方数才能被放出来，但是放出来的时候，还得有两个警察搀扶着，只有非负数才能完全放心，否则就要变成它的相反数。我自认为这个解读非常恰当，把一个抽象的问题故事化地展现出来，有了情节，有了感情，大家应该能够接受得很好。故事化教学也是一种不错的尝试。

117

鼓励教学法

2021年9月11日

 本不想把一些心情的事放在教学反思当中，但是这两件事情太令人激动了，还是写上。昨天教师节，我收到了好多祝福和礼物，有两件事情最令人激动。之前我无意中说过一句话，有个痒痒挠该多好，善解人意的儿子记在心里，晚上竟然给买了一个。第二个礼物，儿子说："爸爸，你是我的骄傲。你班学生说，本来初中听不懂的数学，高中竟然都会了。"还说："爸爸不管你遇到多大困难，都要坚强，因为在我的梦里你都是我的骄傲。"我禁不住落泪。

 这说明，我对教学起点的把握很到位，孩子们能够很好地接受。这是因为我在组织课堂的时候，对每个新概念的学习都进行了充分的铺垫。虽然因为课堂引导占据时间过多而没有进行更多的练习巩固，导致学生一开始的概念外延相对较单一，遇到新题目可能会束手无策。我还是坚持数学是概念的教学，而不是题组练习。有些老师上课只是题组训练，这样的课堂实在没有数学趣味，同时我感到也不适应当前新高考的要求。

 我感觉很多老师没有认真领会当前新高考、新课改和新课堂的要求，仍然穿新鞋走老路，按照惯性思维开展课堂。老师们没有意识到我们当下的课堂已经走入了片面追求分数的乏味单调局面，数学课堂没有了数学趣味，没有了人生启迪，也就没有了期待，这是很可怕的事情。

我们数学老师要提高自己课堂的趣味性、逻辑性，让学生真正感受到数学的内在美，或者提高课堂的针对性，让学生有成就感，提高学生学习数学的兴趣。什么也没有，只是逼迫学生学，有成绩也是暂时的。

下篇　行之所至

学情调查

2021年9月13日

　　今天的课堂效果不好，可能和学生经历周末有关。周一的课堂学生反应速度相对其他时间会迟缓一些，因为周末两天放假，学过的知识会有遗忘。

　　我觉得学生对补集掌握得不好，特别是没有全集的意识，想当然地认为全集就是实数集，这是个认识误区。另外，学生对解二次方程掌握不够熟练，经常出现计算错误。学生对韦达定理也是一知半解，应用不够灵活。特别是对含参的问题，还没有接受参数的不确定性，对伪方程认识不到位，还需要继续加强。

　　学情调查反馈，学生反映有老师课堂讲解过多，课堂进展太快，学生跟不上。这才一周的课程，学生就很吃力，这不是好现象。说明我们年级倡导的降低教学起点，任重而道远。

教学评价

2021年9月14日

今天上午第一节，听了李梦晨老师的公开课。李老师沉稳大气，表达严谨，思路清晰，板书工整，展现了个人的高素质。老师们都说，一周的时间，能够达到这种水平，进步是相当快的。

就本节课而言，表面上看，进展很顺利，实际上学生只是表面上学会了，并没有真正理解。这节课的逻辑起点是原命题和命题的否定一定是一真一假的，不能同真同假。对于一般的命题，我们对它的否定就是简单地否定结论，而对于存在性命题和全称命题，简单地否定结论就不成立了。比如，存在整数是自然数。很多学生会这样去否定：存在整数不是自然数。我们显然会发现，原命题和否定命题都是真命题，与逻辑起点矛盾。说明这个做法是错误的。有的学生改为不存在整数是自然数，这样是正确的，但是不好理解。我们改一个说法，所有的整数都是自然数。这样就好理解了，在形式上由原来的存在性命题改为全称命题。说明，全称命题和存在性命题在否定上不同于一般命题的否定，不仅否定结论，还要改变量词。这样的引导，学生就能在逻辑上真正接受特称命题和全称命题的否定。这是深层的逻辑上的理解，不是浮于表面的。

通过这节课，我想说的是，我们备课的时候，一定要先确定好这节课的逻辑起点，这是课堂设计的基础。课堂上我们到底应该采用同化教学还是顺应教学，是由这节课的新知识和课堂起点的关系决定的，如果搞不清这个事情，可能就会背道而驰，课堂效率必会大打折扣。

下篇 行之所至

121

教学的基本素养

2021年9月16日

一、课堂要有主线

充要条件这节课是整个逻辑部分的重点内容，也是高中阶段贯穿始终的一个概念，它能和各个模块的知识联系在一起，如果搞不清楚，往往因小失大。

我觉得自己这节课处理得非常到位，从学生熟悉的几个定理开始，尝试把命题拆解成条件和结论两部分，目的是更加细致地分析命题。在命题是真命题的前提下，引出推出符号，得到充分条件和必要条件，这四种说法是一个意思的四种不同表达方式。特别是对于必要条件的解读要讲清楚——没它不行。通过四个小题的练习，得出判断命题的四个条件，再引导学生观察四个命题的共同特点，总结出集合法判断四种条件的方法，顺理成章，学生接受得非常顺利。

我们在组织课堂的时候，教学目标是引领、是归宿，我们必须认真研透教学目标，并根据教学目标设计课堂，还要有检测，确保每个环节的落实，最终实现教学目标。这个做法来自《基于理解的教学设计》，以目标为导向的课堂设计，每一个环节都是指向目标达成的，所以整个课堂就是有机的、系统的。而课堂的逻辑起点是组织问题串的基础，没有了这个基础，课堂就没有了主线，就是一盘散沙。一个好的课堂设计一定有一条主线在牵引着学生的思维，层层递进，最终达标。

二、写教学反思

这节课，学生遗忘很严重。本来感觉昨天的课堂效果很好，今天反而是这个样子。我想了想，应该是自己的方法有问题，我应该给学生一些压力，概念教学，需要记忆巩固，上课要提问，这样每节课上课之前学生就不是无所事事，而是会主动复习回顾了。出现问题之后，尽可能地从自身找原因，能够更好地解决问题，而不是一味地抱怨，那样只能于事无补，甚至适得其反。同时，我意识到习惯的养成不是一蹴而就的，要持之以恒地督促学生规范各种行为。

今天听到一种声音，大家对于写教学反思有怨言，我觉得这是认识上出了问题。不管做什么事情，都需要反思，不断地改善，才能做得更好。叶澜教授讲，一个教师写一辈子教案不可能成为名师，如果一个教师写三年反思，就有可能成为名师。我是相信这一点的，成长=经验+反思。

自德州名师培养以来，我写了百万字的反思，自己感觉教学业务和教学观念都较之前有了很大的进步，这种进步只要对比一下几年前的文字，就一目了然。我会坚持下去，用文字记录思想，几十年后就是一笔财富。

当我老了，不能动了，只能和自己对话的时候，这一本本的文字就是最知心、最忠诚的朋友。把我们要做的事情赋予了意义，就有了做下去的勇气和做精致的动力。

下篇　行之所至

十字相乘法

2021年9月20日

　　可能是中秋放假的原因，学生的状态不如之前。整整一节课都很沉闷，可能是不懂，所以不大敢说话。本来是初中学过的内容，十字相乘法运用，错误到处都是，说明学生根本没有真正明白十字相乘法的含义，只是粗略地了解其大概，而数学是精确的科目，差之毫厘，谬以千里。

　　经过调查，发现学生对于十字相乘法的认知十分浅显，就是凑，凑不出来就算了，并没有当成一个重要的方法来对待，感觉像是打补丁的。凑的时候，把系数变成整数的小技巧也不知道。特别是对本质不清楚，十字相乘法就是韦达定理的逆应用。

　　看来这一部分，我们也只能一步一步地来，基本运算马虎不得。

拧螺丝精神

2021年9月22日

今天是中秋节后第一天，连堂课，还是十字相乘法。学生假后状态还不如假前，好在基本完成预先设想。下午的大集体备课，效果也不尽如人意。我们数学组新进的老师比较多，他们刚刚参加工作，还不知道怎么上课。集体备课是帮助他们成长的好办法。但是今天的集体备课，不管是老教师还是年轻教师，发言都不是很踊跃，原因是学案发给老师们太晚，还没来得及做和思考。我们只能实事求是，先拿出一节课的时间来熟悉学案，第二节课再集中研讨，这样就严重影响了备课效率。我们一周就一次大集体备课，需要解决一周的学案和周末测试题目，一节课是无法细致解决的。这也让我陷入沉思，教学管理这个事情不同于学生管理，它调动的是成人群体，是性格各异、年龄不同、思想不一的一个群体，不是一声令下就能解决的，需要把话说明、理说透。我们的教学是个体劳动集体成果，离了哪个也不行，根据木桶短板理论，最弱的是对集体影响最大的，需要我们集体帮扶。

有些事情非但要做，而且必须做好，就要拿出拧螺丝的精神来，一节一节地抓，一周一周地抓，踏石有印、抓铁留痕。我觉得没有过不去的坎，没有做不好的事情。干好工作就是需要一股韧劲。

下篇　行之所至

125

教研会议

2021年9月24日

今天学校组织教研会议，高一的常规落实有以下几项。

一、集体备课规范

以集体备课评价表为标准，检查督促集体备课人数是否齐全，主备人准备是否充分，教学目标是否明确，是否全员参与积极发言，有没有大单元教学意识，是否体现课堂设计。通过旁听集体备课，可以看出各学科组都进行了合理分工，主备人准备充分，准备学案、课件等都很用心，但是也明显能看出知识点讲解较多，课堂设计很少。

二、作业批改检查

全体全科作业批改检查已经进行了两次：主要区分交不交、阅不阅，是否有鼓励性批语，计入量化考核。加强作业批改监督，目的是提高课堂针对性。绝大部分老师全批全改，有激励性批语，也能看出有应付现象。

三、带动新入职教师快速成长

今年新入职教师主要集中在数学、生物、政治学科。除了大集体备课之外，还要给新入职教师小集体备课，主要解决课堂设计的问题。还要听课评课，前拉后推，促进新入职教师快速成长。

四、教研课

作为学科集体智慧的展现，教研课是最好的窗口。督促老师们参与听课、集体备课评课。

五、学情调查

高一新生，很多方面需要适应，及时了解学生心理，减少意外。召开备课组长例会，及时沟通交流。

会后回到办公室，想一想自己布置的几项工作，都停留在"要我做"的层面上，离"我要做"有着相当大的距离。老师们的工作和学生的学习一样，你盯着，他不做，盯的意义何在？我们应该想办法实现老师乐教、学生乐学，这才是管理的根本所在。

愿青春无悔

2021年9月27日

　　今天的心情遭遇双重打击，学生课堂表现不好，儿子备考状态不佳。看到儿子备考不在状态，心里很是着急。因为谁也不愿看到自己的子女，将来因为没有学历，找不到像样的工作，吃苦受累，过没有尊严的生活。

　　孩子妈妈让孩子看了两个视频，视频中学霸们的青春朝气和学渣们的走投无路形成鲜明对比。我们的目的是让孩子明白，人生就是这样，只有一次，不可能重新来过。聪明的人，能够从别人的经历中汲取经验，尽量少走弯路。我想儿子应该能明白父母的良苦用心。

　　我在这里对儿子说：

　　每个人都不是孤岛，还有爱你胜过自己生命的亲人，爷爷、奶奶、爸爸、妈妈，因为我们身上流淌着同样的血，我们是一家人，我们是相亲相爱的一家人，总有一份牵挂，一种担心。

　　高考是一个转折点。我们这一生，拿出最好的12年来做的唯一的纯粹的事，那就是求学。一年级开始，到今天，你已经在去学校的这条路上走过了4300天，只剩下最后的80天。希望我们一家人能够走好这段日子，让你自己不后悔，让我们一家人都不后悔。

备课组长例会

2021年9月28日

（1）提高思想认识，要对学科组老师们负责，真抓实干，敢作敢为。

（2）他山之石，可以攻玉。结合周五教研会，借鉴其他年级、学科好的做法。

（3）安排好小集体备课，结合学生情况分层教学。

（4）教研课要全员听课、评课，照照镜子，发现不足；相互学习，取长补短。

（5）集体备课要统筹规划。每次集体备课前要提前把集体备课的内容发至老师手中，提前完成，避免一言堂，特别是年轻老师必须提前做完。

（6）集体备课时间要以认真完成集体备课的内容为标准，不能草草了事，不仅备知识点，更要注重课堂设计和重难点突破。

（7）注意周清工作。

（8）各科确定边缘生。

（9）年级自习检查项目：学生有无违纪、教师是否在岗、任务是否明确。

下篇　行之所至

129

手机问题

2021年10月4日

放假后的课堂互动非常差劲，课堂上有种带不动学生的感觉，学生目光呆滞、思维缓慢。由此可以推测，学生在家是怎样一种状态：手机不离手，沉浸游戏中，犹如"吸毒"，返校的状态恢复就像"戒毒"，需要一个过程。

怎么解决学生沉迷手机问题呢？

一、减少对立

少用批评、责骂、唠叨，这些行为徒劳无益，只会增加孩子心中的抵触和对抗。要想改变学习和生活习惯需要付出很大的努力，家长和孩子要建立合作关系来完成这个艰巨的任务。

二、正面管理

重点不是玩不玩手机，而是一个高中学生该做的事情还没有做好，比如按时上学、按时完成作业、有一定的生活自理能力和正常的作息。要立规矩，做不好该做的事情，就不能玩手机。

三、监督、陪伴

改变习惯是一个持之以恒的过程，需要家长温和督促，耐心陪伴。

四、关注进步

不要指望立竿见影的效果，要学会关注和肯定学生微小的进步。进三步退两步也是很正常的，要关注的是整体上是不是有改善的趋势。

下篇 行之所至

欧乐堡学习总结

2021年10月15、16日

10月16、17日两天，在齐河听取了5位专家的报告，分别是：吴永军教授的"深度学习模型及其在中小学教学中的运用"、方张松主任的"考试评价改革与教学质量管理"、徐和平教授的"素养立意的单元教学设计"、沈子兴院长的"核心素养视角下的有效作业设计研究"和何珊云博士的"重构学生的学习历程：基于PBL的学习创新"。

每位专家的讲座时间3个小时，总计15个小时的报告都是围绕课堂改革展开的。有3位专家着眼于课堂设计、深度学习的情景化设计、大单元教学的整体化设计和项目式学习的问题化设计等，都在尝试任务驱动下的合作探究式学习方式。其目的是明确目标，提高学生的参与意识和问题解决意识；在问题解决的过程中，提高学生的迁移运用能力和合作探究意识。另外2位专家分别关注了教学质量的多维度评价和作业的多样化设计，也是课堂教学的延伸。

整合到一起，我们能够感受到课堂改革的方向。

（1）教学目标体现统整取向，从分解割裂到融会贯通。

（2）教学内容突出核心取向，从全面覆盖到深度理解。

（3）教学方式强调实践取向，从单向传递到建构分享。

（4）教学评价强调个性取向，从整体化一到多元开放。

学习中我们接触到很多新概念，如大概念、元认知、项目化学习、批判性思维等。大概念是本质，元认知是对认知的反思，项目化学习和批判性思维是要"活学活用"。IT界有个说法"不担心机器像人一样思考，但我担心人像机器一样学习"。像机器一样死记旧知识，无法应对未来的新世界。当下的课堂教学确实过于死板，所以要改，但改是改进，不是颠覆。核心素养的培养不是空中楼阁，它是在基础知识基本概念的熟练掌握、方式方法灵活运用的基础上，通过合作探究过程中领悟情感态度与价值观，以期心智的综合提升。没有扎实的"双基"，一切都是空谈。所以，改革应该微调，不是剧变，否则就有风险。中国人民大学附属中学周建华校长这样降低新课改的风险，叫作"顶天立地"，即教学理念顶天，教学基本功立地。

烟台学习

2021年10月18—20日

年级每周的班主任例会安排在周日晚上，比往年安排在周六晚上提前了一天。每周日管理团队要提前碰头开会，研究分析本周发现的问题，结合实际安排部署下周的工作和班会主题，再由两位主任分头传达和落实。年级班主任队伍建设的总体目标是"打造学习型班主任队伍"，这里的"学习"指既要学习书本上的先进经验，也要创设机会让班主任之间相互学习。老师们在交流中进步，在实践中成长。暑假后期，高一管理团队集中学习了河北衡水中学的《学生开学手册》和《班级管理的59条微创意》，老师对开学初的各项安排有了一个系统的认识，能够有条不紊地安排各项开学工作。从效果上看，今年的开学没有原来那么忙乱。班主任队伍在单元设置上本着一老带一小、一文带一理、一男带一女的原则，尽可能把老班主任的丰富经验和新班主任的充沛精力有效结合，优势互补，力争整体创优。班主任例会对常规工作布置要有时间限制，更多的时间要用于主题班会的设置和优秀班主任经验分享，因为我们身边好的做法更容易照搬借用。这段时间好多班主任把自己好的做法分享给大家，起到了很好的榜样作用，带动了年轻班主任快速成长。

高一年级是高中的起始年级，开学初的管理重点在于入门教育、规范养成教育，所以，例会带领班主任首先在习惯梳理上做工作，包括：统一各班桌凳安排，清理桌面；统一座次表上墙；统一安排小组；统一班级量化；

统一配备戒尺；统一带任务观看新闻周刊；统一要求各班周记；统一上课规范；课前2分钟静班；统一自习前2分钟复习。这些都是统一要求，通过检查去落实。能够做到有要求、有布置、有检查、有反馈。再加上年级管理团队，无缝覆盖监控，量化积分管理，学生养成教育收到了比较好的成效。

引领班主任在激发学生内驱力上做文章。当前老师们干劲十足，但总感叹学生动力不足。对比某校的学生，就比我们学生积极了很多。课堂的主动性高，自习的自觉性也高。我一直在想背后的原因是什么，是天生的吗？肯定不是，应该是缺少激发。我们可以看到，某校每棵树、每面墙、每个台阶都是文化，到处都是仁义礼智信、责任、感恩、追求卓越。我在一面墙前待过两节课。那是丁肇中写给某校学生的一封信，讲了自己求学过程中，初中成绩并不好，高中喜欢上了数学和物理，为了满足自己的好奇心，追根究底，最终获得了诺贝尔奖。成功竟然这么简单，会给学生怎样的影响？心智的成长靠自己去领悟，他能悟到的，你无须多言；他悟不到的，多讲也没用。班主任需要给学生营造启悟的情景，而班会是最好的舞台，打造深刻的主题班会是班主任工作的重中之重。

我们每周确定一个主题，由老师们分工收集材料，管理团队进行整合加工，班主任结合自己班级实际进行适当调整，作为班会的提纲，是班会的主体思路，而能不能把这节班会上出效果，能否走入学生的内心，启发学生有所悟有所得，这取决于老师讲故事的能力。可以说，优秀的班主任都是讲故事的高手。看过《人类简史：从动物到上帝》的人都知道，所谓法律、宗教、信仰、名利、成败得失，都是人们相信了与之相关的故事。能不能让学生信你所言，是班主任的真本事。老师们讲自己的故事，讲自己学生的故事，让学生讲自己的故事，讲身边学生的故事，讲集体的故事，讲系列故事，让孩子们都积极参与进来。汇集所有人的期待，绘制集体的美好愿景，这是凝聚人心的好办法。人心齐，泰山移。思想统一了，就不怕任何困难。一个人改变另一个人很难，但是用集体去改变一个人很容易。

一个班集体的优劣取决于班主任的领导能力，所谓领导力，来自三个方面：恐惧、利益和信仰。显然，被动总不如主动好，恩威并施的效果也不如构建共同的理想追求。所以，讲好故事很重要，既接地气，又实用高效。我们用好班会这个思想教育的主阵地，激发学生内驱动力，就要用心讲好故事。可以说，你越用心，学生越受益；你越用情，学生越懂事。我们的学生就会眼中有光芒、心中有理想、脚下有力量！我们的教育水平就会更上一层楼；我们就能早日实现"和谐校园"的三步走战略！

德州学习

2021年10月27、28日

德州组织骨干教师进行高考评价，我感觉自己收获很大。脱离自己的学科、自己的学校，站在教科院的角度看待成绩，能够更好地发现问题。

我现在看待任何问题，都不会孤立地只考虑自己学校的情况。应该置身于一个系统当中，全面地分析可能带来影响的所有因素。比如分科，就不能仅仅考虑学生一个因素，而是把省情、市情、校情和人情综合起来，当然这里的人情是指个人的具体情况。

对学科总成绩在前400名的学生要充分尊重学生的个性选择；重视关注对象是总成绩400～1000名的学生，要从以下四个层面帮助学生分析，以便做出选择。

一、学校层面

依据历年的高考和德州市统考成绩，对比分析我校与兄弟学校在教学和备考方面的优势所在。近年来，我校文科方面仍占优势。

二、德州层面

在全省范围内比较，17个地市，目前只有德州市中考文化课只考语文、数学和外语，不考物理和化学，高一新生的物理、化学基础很差，省级统考和高考中理化不占优势。

三、省级层面

目前普通高中与职业高中比例是6∶4，国家在战略上重视职业教育，普通高中占比走低，高考竞争加剧。

四、高考反馈

分析2021年高考，同比分科名次，理科下降37人，文科增加36人。因艺术、体育特长生和文管生大多选择偏文组合，从高考录取数据来看，理化生组合学生综合能力不错，但在省级竞争中不占优势。

听课感悟

2021年10月29日

今天听了律老师的一节"函数习题"课，对于刚刚参加工作两个月的新老师来说，这节课是成功的。律老师风趣幽默、妙语连珠，充分展示了过硬的个人素质，也可以看出祝延志老师、张迎老师指导有方。

（1）备课组长张老师组织老师们进行了评课活动。作为一节习题课，既要进行错因分析、规范展示，又要进行规律总结、方法提炼。整体来看，错因分析和规范展示环节做得较好，方法提炼环节稍有欠缺，这也是年轻教师需要提升的地方。在方法提炼这个环节上，老师们各抒己见，进行了充分的交流。老师们认为，不同的结构对应不同的方法，应该给学生梳理一下，以便有效记忆。"结构决定方法"，这是数学老师挂在嘴边的常用语。仔细琢磨一下，这个认知停留在了知识记忆的层面。

（2）祝老师上升了一个层次。他说，求函数值域，首先要学生熟练掌握几个基本函数（一次函数、二次函数、反比例函数）的值域求法，其他函数（不管什么结构）只需要寻求有效手段转化为基本函数即可。这里体现了数学的转化思想，通俗地讲，就是把不会的转化为会的，问题就能得到解决。这里没有考虑结构，到了无招胜有招的高度。为什么采用分离常数的办法、为什么采用换元的办法等，都是为了变成熟悉的基本函数。这里点出了所以然，从方法上升到思想的高度。术与道，哪个更高明，显而易见。面对一个题目，根据结构记住相应的解法就能做，没记住就做不了，这是考查记忆。

没记住解法，只要能合理转化也能解决问题，只需要学生思考寻找合适的手段，这才能锻炼思维能力。

（3）当下课堂改革的方向：①教学目标体现统整取向，从分解割裂到融会贯通；②教学内容突出核心取向，从全面覆盖到深度理解；③教学方式强调实践取向，从单向传递到建构分享；④教学评价强调个性取向，从整体化一到多元开放。教学目标不再是割裂的，要统整，建立有机的认知体系。这节求值域的思想升华给了我们一个很好的范例。深入地琢磨琢磨，我们的教研会很有意思。

综合复习

2021年11月2日

进入综合复习，感觉学生一下子什么都不会了，是不是我们进度太快了？还是想想办法帮助学生渡过难关。

任何一项技能的掌握，都需要长时间的"刻意练习"。如果你有这种感觉：有些知识一看就会，一讲就懂，一做题就不会。出现这种情况，不是做题太少了，就是理解不透，缺少变通，解题思路不对。尤其是理科学习，不做题，是不可能取得好成绩的。当然，做题不能盲目。先求精，再求多；先求慢，再求快；先求质，再求量。

做题后，要注重反思和归纳。尤其是对于错题，一定要彻彻底底弄清楚。每做完一道题，都问问自己：这道题考查了哪些知识点？其中，哪些是我已经掌握的？哪些是我没有把握的？

这道题目的解题思路是什么？这个知识点，还有哪些考查方法？这种解题思路，还能解决什么样的题目？如果做错了，我错在了哪里？每做完题都这样总结，还可以归纳出同样的知识点或同样的解题思路和规律，记在本子上，反复看，记熟。

在学习中发现快乐，如果以一个积极乐观的心态对待每天艰苦的学习，有种苦中作乐的精神，能够很快度过学习上的"高原期"。如果退缩、悲观，就会陷入失败的泥潭，永远在"高原期"停滞不前。每天给自己以积极的心理暗示，吸引力法则会帮助你心想事成！

下篇　行之所至

教学总结

2021年11月17日

一、问题

学生动力不足、压力不够。学情调查显示，绝大多数学生的兴趣是听音乐、玩游戏，状态是躺平；问绝大多数学生学习目标不清楚，没有课前准备意识、不做笔记、不改错、书籍乱放、学案乱扔、不利用零散时间重复所学、不想学、不会学相当普遍。不想学是动力出了问题，不会学是方法出了问题。需要班主任想方设法激发学生内驱力，增强学生压力，还要指导学生的高中学习方法。学习方法：激发（榜样带动、目标激励、团队合作）、加压（升学压力、捆绑评价、奖优罚劣）、方法（过电影提升记忆、思维导图形成网络、做好笔记突出重点、利用改错刻意练习等）。另外，班主任需要团结协调各学科老师，心往一处想，劲往一处使，齐抓共管，形成合力。在学生管理和教学协作上，班主任还有大量工作需要做。学校调整班主任绩效政策，就是想把教学成绩凸显出来，更需要班主任在学生学习动力、学法指导和老师协作上用心思。

二、措施

（一）政策调整，关注目标生

学生潜力很大，因为学习内容并不多，学生很有信心。老师们应该抓住学生的这种心理，对边缘生加强关注和鼓励。学校绩效调整以后，最优档和最差档，待遇上差别很大，但是成绩上差距并不大。从这次月考和期中对比来看，每个班级每位老师都有机会冲击到前面。

（二）降低起点，减少课容量，以学生掌握为原则

细化教研，用好教材，提高课堂效率。备课组长是学科成绩的责任人，我们职级考核中学科加分是在职级排名后直接加分，权重很高，好的学科最终职级排名都会很靠前，体现团队作战的作用。每个学科提升组也都有学科绩效，希望组长本着对老师利益负责的态度，大胆管理，务实高效。老师们也要做到你的课堂你做主，规范学生课堂习惯，提高课堂效率。老师们要把控好自己的课堂，从走进教室那一刻开始就由你做主。

（三）加强管理，向松散现象说不

管理团队发现松散的班级，立即提醒；本次考试落后班主任和落后学科老师要诚勉谈话。管理团队仍然全覆盖检查，项目增加到：学生纪律、老师考勤、任务提醒、作业是否超量，要确保学生的自主时间，没有学生的自主整理就没有消化吸收，班主任和管理团队要做好监督检查。

（四）合理选科

对于科学选科和生涯规划，我们都知道得太少。选课时要知己知彼，既要通过测量对自己有充分的认知，还要了解外部招考和竞争环境，再做理性选择。对于我们的学生而言，学生该怎样选科，大家一定要结合大背景，自己的实力也要考虑。

（五）开展竞赛

开展学科竞赛，提升优生实力。

三、总结

（一）一个目标

期末考试重点本科达到540人，分解到每个班级，每个班27人。目前已有（6）班、（8）班、（13）班、（17）班、（24）班5个班超额完成任务。绝大部分班级差额在3个以内，各班级确定边缘生，通过协调会调动老师们齐抓共管。

（二）两个转变

课堂节奏由完成任务转变为学生掌握；课堂主体由教师的教转为学生的学。先学后教，以学定教。

（三）三项规范

集备规范：深研教材、控制难度、突出重点、规范周测。

课堂规范：明确目标、先学后教、以学定教、提倡合作。

学习规范：定期改错、笔记整理、注重反思、形成网络。

（四）四个加强

加强目标生转化；加强内驱力激发；加强学法指导；加强单元协调。

冯教授的报告

2021年12月2日

冯教授的报告有三个方面：一是新高考政策解读；二是合理选科；三是综合评价报告的云平台维护。

一、 新高考政策解读

新高考省份第一批是上海、浙江，山东省是第二批，新高考有以下几点变化。选科模式发生变化。原来就是两种，语数外+理化生和语数外+政史地，就是我们通常讲的理科和文科。现在变成了3+3。前面这个3还是原来的语数外，后面的3是从理化生政史地里面任选3科，从数学上讲选科组合达到20种。这背后的理论支撑就是因材施教，目的是人尽其才。国家想法很好，但是真正在实施过程中，出现了各种各样的问题，如学校资源的问题、与高校实际教学脱轨的问题等。从当前各省新的政策调整来看，有回归大文大理的趋势。

二、 学业水平考试制度

原来叫会考。学生想取得高中毕业证，需要九科成绩合格。考试分等级，A、B、C、D，D是不及格，需要补考。现在改成学业水平考试，增加到11科，不分等级，只有合格和不合格两种。这个考试难度非常小，几乎所有学生都能拿到合格，高中毕业证好拿了。所以，好多学校都提前分科，不再顾虑合格考的过关问题。

三、录取政策发生了变化

原来是普通高考招生和自主招生。普通高考就是根据分数和位次录取，自主招生是一些985、211院校自主命题，自主录取，加分力度很大，名额占比也很大。如北京大学、清华大学的自主份额一度超过了90%。几乎不依据高考成绩，主要是竞赛保送、专项招生等。现在高考采用多元录取。除了普通高考，还有强基计划招生、综合评价招生。所谓强基计划，就是国家强化基础学科的计划。985、211院校拿出一定名额用在基础学科的招生上，数学、物理、化学、生物等，目的是提高国家的科技实力。如小班化、高起点、院士上课、本硕博连读。

另一个是综合评价招生，这是和大多数学生都有关系的招生。不仅985、211院校有综合评价招生，省重点大学，可以说只要高考成绩能达到500分，都应该认真准备综合评价招生。

综合评价招生是两依据、一参考。依据高考成绩和学业水平成绩，参考综合评价报告。高考成绩都明白，看分数，学业水平成绩就是合格和不合格，都是不可变的，只有综合评价是不同的。综合评价是对学生高中三年的成绩和素养记录，相当于学生的档案。原来是由班主任负责填写，现在改为家长负责填写。很多家长不知道该怎么写，就丧失了综合评价招生的机会。

四、高校的科目限制

没有选科要求的占一半，要求物理、化学的接近一半。有大文大理回归倾向，我们只能选一个专业，还是应该考虑考出分数为主。

五、等级分转化

原来文理分科，文科理科分别命题，单独排名。现在理化生、政史地……各种组合，各学科题目难度不同，分数呈现区别很大，各科成绩还得有可比性，必须拉到一个长度上去。比如化学最高68分，生物最高98分，直接分数相加，化学吃亏。所以，国家想了一个办法，根据位次拉长到一个标准，就有可比性了。把成绩排名后分成8段。每个学科的前3%都规定为91～100分，7%都规定为81～90分，最后的3%规定为21～30分，显然，成绩是位次分。

六、志愿填报

原来是学校加专业，现在是专业加学校，区别很大。原则是遵循志愿、分数优先。举例：山东师范大学+数学+物理+化学教育，只要进了学校门，就有一个专业被录取。现在是专业+学校，如学临床医学：临床+北京大学，临床+山东大学，临床+滨州医学院……96个志愿，最终只能去一所学校。哪一个？分数优先。

说跟家长几句话，培育孩子成才这件事，我们的心情是相通的，只不过我们多年面对高考，经验会更多一些，面对大数据，我们的分析会更理性一些。帮助孩子进入理想大学，对孩子来说是成才，对家长来说是成功，对我们来说是成就，我们应该家校携手，齐心协力帮助孩子走好人生最关键的几步。

读《中国文化课》有感

2021年12月7日

　　看完余秋雨的《中国文化课》，对整个中国文化脉络有了基本认识，对中国士大夫阶层厚重的家国情怀找到了依据，对儒、释、道三家的基本思想有了浅层次的认知。再读余秋雨作品，希望自己的文学素养有更高的提升，特别是文采方面。

　　中国文化的集体人格是什么？儒家为我们提供了答案。集体人格各有自己的故乡，从神话开始埋藏着一个个遥远而深沉的梦，积淀成了一个个潜意识的原型。儒家所涉及的集体人格是君子，君子之道成了中国文化的思想重心。中国文化中，君子作为一种集体人格的雏形经过儒家的选择、阐释和提升，结果就成了一种人格理想。儒家学说的最简洁概括就是君子之道，中国文化的延续和更新是君子人格的延续和更新，君子之道是中国文化的思想重心，做个君子，也就是做个最合格、最理想的中国人。

　　余老师又为我们指出了成为君子的人格标准和行动指南，包括君子怀德、君子之德风、君子成人之美、君子周而不比、君子坦荡荡、君子中庸、君子有礼、君子不器、君子之耻。当读到这一段时，君子的人格画像已经栩栩如生地被描绘出来。作为君子，要有利人、利他、利天下的社会责任感，坚持仁、义、礼、智、信；作为君子，必须把自己高贵的生命能量变成风气进行传播和梳理，而不能默默不语，故步自封；作为君子，需要使未成之美尽量完成，使未起之美开始起步，化非美为美；作为君子，君子严正而不争夺，合群而不偏袒；作为君子，不忧不惧，无怨无悔；作为君子，守中正，避开极端；作为君子，发乎于心止乎于礼，以行为上的"敬"和"让"达成人间之"和"；作为君子，不要把自己变成器物或器物的奴隶；作为君子，既谨慎又自由，耻在自己不成长、不守信、不提升自己的能力。

下篇 行之所至

顺其自然

2021年12月16日

　　这一年又要过去了，感想很多。这一年，我明白了：无论你多么善良，都会被人说长道短；人的一生，最大的成功，莫过于婚姻的成功；最大的幸福，莫过于家庭的幸福；有爱的家庭是港湾，没爱的家庭是牢笼。非常感恩来自家庭的理解和支持，也非常内疚对家庭照顾的缺失。我把精力几乎都用在了工作上，但是也未必得偿所愿。"物来顺应，未来不迎，当时不杂，既过不恋"，非常适合我的当下。

　　中国历史上有两种人比较厉害：一是有信仰的文人；二是被逼上梁山的农民。希望我是第一种人，怀揣理想、坚守底线，为党育人，为国育才。

　　跑着追求目标是一种人生境界，奋力地挑战极限是一种快乐，笑着超越痛苦是一种幸福。很多时候，累与不累，不取决于事件本身，而取决于我们的心态。我们常常会察觉，做自己喜爱做的事情，累也是一种享受，一种快乐。

做中学，学中做

2021年12月18日

今天反思一下学校课改，让我用一个词来概括我校当前课改的状况"花开次第"。面对眼下成绩低落的困境，求变以突围已成为不二之选，但囿于认识高度、决心力度、配套精度的不同，在课改推进上各年级、班级之间存在明显的差异。大刀阔斧行动者有之，左右摇摆观望者有之，依然故我抵触者有之，表现程度不一，但都属正常。就像学生学习一样，自己悟到才叫学到；强扭的瓜不甜，即使强力扭转了，也很容易反弹。我的意见是接受当前现状，助力改革者见到成效是管理团队当务之急。

本次课型改进历时最长，可以追溯到2017年。为取得真经，北上衡水，南下长垣，听报告、入课堂，从理论到实践全面学习。应该说，当时就有很多老师认可了"6+1"模式的高效，情绪高涨，斗志昂扬，但回到学校很快陷入沉寂。失败原因归结为只学到表象，没学到本质，只学到形式的展现，没搞清背后支撑的理论。后来，我们有幸走进萧山，听取最前沿的课研报告：徐和平告诉我们要基于理解地设计课堂。在非常明晰教学目标的前提下，以达成目标为导向，采取逆向教学设计，每个环节都是为达成最终目标而设计，环环相扣，层层递进，而且可控可评。我突然顿悟了，为什么之前听到的所有好课都有一个共同的特征，那就是不管环节多么多变，总能感觉到有一条特别清晰的主线，可见目标导向是课堂设计的灵魂。

显然，把课堂还给学生，并不是老师放手不管，而是像导演一样站位更高，拿捏更准，思路更活，这对老师提出了更高的要求。回想自己教学20年来，最近几年有些职业倦怠，总感觉教学就是这点事，周而复始，波澜不惊。恰逢新课改，迎接新挑战，这段时间对教材、课堂又有了感觉，加之学生课堂上活跃了很多，老师情绪自然高涨。

现在不管是哪种模式，其核心都在于调动学生，让学习真实地发生。情景导入，以激发好奇心为目标；目标展示，以驱动学习动机为目标；自学互学，问题串以启迪、思考为目标；板演纠错，以养成规范形成能力为目标；当堂检测，以目标达成为目标。作为课堂的设计者，老师必须站在学生的角度，设计更多的表现性任务，才能更直观地了解学生的掌握情况，以便及时调整后续环节，确保知识难度控制在"最近发展区"；否则脱离学生实际，教和学两层皮，学习没有真实发生，费力不讨好，造成无效课堂。

把课堂还给学生，必须提高学生课堂的参与度。细化学习小组，细化小组评价，能够很好地调动学生。以（25）班为例，任课老师普遍反映当前学生课堂积极踊跃，效果良好。我们的评价分为三段，简单易行。①主动参与并且答对加2分，答错加1分；②被动参与答对加1分，答错不加分；③答非所问，视为扰乱课堂，扣2分。所有课堂表现和学期评优、总评等级挂钩，可测、可评、可量化。

做中学，学中做。有先进理念的支撑，有成功案例的指引，这个方向一定是正确的，我们在实践中不断地总结经验，不断地细化环节，课堂高效一定会不孚众望。相信我们的课堂在一大批勇于改革的先行者带领下，一定会花开满园、硕果累累！

面子与尊严

2021年12月24日

面子是事业进步的绊脚石！尊严是志存高远的永恒动力！

我们很多老师信奉有尊严地站在讲台上，精益求精每节课、耐心关注每位学生。他们受到学生的爱戴、家长的尊重，拥有很好的口碑，这是一个老师应有的尊严。他们在做好知识传授的同时，还要用心去涵养生命，身体力行去感染一个个尚未成型的孩子，让他们看到认真、美好、责任、担当，践行"学高为师、身正为范"。正是他们，在努力维护着整个教师队伍的尊严。

殊不知，这些低头干活的人才是我们学校的脊梁！学校应该把这些榜样经常性地呈现在醒目的位置，让更多的老师看到追赶的目标。老师们眼里嘴里都是榜样的话题，正能量就能得到充分传播，学校风气自然会一片浩然。相反，如果大家看到的是邪风压倒正气，势必人心涣散。故而当务之急：让榜样站起来，让校园亮起来！把斗志激起来，把精神抖起来！

知识分子的人格理想是有仰望星空的理想态度，更要有脚踏实地的拓展能力。想事的人很多，想很简单，做不容易，做好更不容易；没有实干，假大空还会误事。凡事需量力而行。

放下虚荣的面子，需要勇气；接受尊严的考量，需要胆量。改革必有阵痛，出出汗，洗洗脸，照照镜子，找回自己。收起小我，放大格局，才能为国育才，为校争光！

下篇　行之所至

153